汉语国际推广多语种大连基地规划项目
编委会成员名单

主 任 委 员： 许　琳（国家汉办主任）

副主任委员： 孙玉华（大连外国语学院院长）

　　　　　　　李树森（辽宁省教育厅副厅长）

　　　　　　　马箭飞（国家汉办副主任）

编委会成员： 赵忠德（大连外国语学院副院长）

　　　　　　　杨金成（国家汉办师资处处长）

　　　　　　　杨俊峰（大连外国语学院院长助理）

　　　　　　　潘先军（大连外国语学院汉学院副院长）

　　　　　　　周玉琨（大连外国语学院文化传播学院院长）

执 行 总 编： 孙玉华

执行副总编： 赵忠德、潘先军、周玉琨

外 国 专 家： 西香织（博士），日本北九州市立大学外语学院汉语系

　　　　　　　崔桓（博士、教授），韩国岭南大学中国语言文化学部

国家汉办汉语国际推广基地规划项目

GO FOR CHINESE
Elementary Level

2

目标汉语 基础篇

刘川平 主编   王松岩 编著

北京大学出版社
PEKING UNIVERSITY PRESS

图书在版编目（CIP）数据

目标汉语. 基础篇. 2 / 刘川平主编. –北京：北京大学出版社，2010.6
ISBN 978-7-301-17320-6

Ⅰ. 目…　Ⅱ. 刘…　Ⅲ. 汉语–对外汉语教学–教材　Ⅳ. H195.4

中国版本图书馆 CIP 数据核字（2010）第 102488 号

书　　　名：目标汉语　基础篇 2
著作责任者：刘川平　主编　　王松岩　编著
责 任 编 辑：宋立文（slwwls@126.com）
标 准 书 号：ISBN 978-7-301-17320-6/H·2516
出 版 发 行：北京大学出版社
地　　　址：北京市海淀区成府路 205 号　100871
网　　　址：http://www.pup.cn
电　　　话：邮购部 62752015　发行部 62750672　编辑部 62754144
　　　　　　出版部 62754962
印 　刷 　者：北京鑫海金澳胶印有限公司
经 　销 　者：新华书店
　　　　　　787 毫米 × 1092 毫米　16 开本　11.75 印张　193 千字
　　　　　　2010 年 6 月第 1 版　　2010 年 6 月第 1 次印刷
印　　　数：0001–3000 册
定　　　价：45.00 元（含 MP3 盘 1 张）

未经许可，不得以任何方式复制或抄袭本书之部分或全部内容。
版权所有，侵权必究
举报电话：010–62752024　　电子信箱：fd@pup.pku.edu.cn

前言

这是一套供零起点和学过一些汉语的外国学生使用的基础阶段综合课教材，既适合长期进修相对强化教学模式的要求，也可用于一般长期进修教学、短期培训教学和自学。本书的编写原则是：以话题为引导，词汇为重点，语法为骨架，功能为辅助，文化为蕴含，练习为主体，迅速提高交际能力为终极目标。

一、主要特点

1. 可靠的科学性。本书适用的基础阶段，包括一般所说的初级阶段和中级阶段的上半期。语法项目主要依据《高等学校外国留学生汉语教学大纲——长期进修》（下称《教学大纲》），涵盖初级主要语法项目和部分中级语法项目，作为教材的结构框架。词汇主要依据《汉语水平词汇与汉字等级大纲》，包括甲、乙级词的绝大部分，丙级词的一部分以及少量丁级词，同时吸纳了一批反映社会和语言发展，使用频率较高的新词语。此外，从《教学大纲》的功能项目中选取了与基础阶段相适应的内容。

2. 相对的强化性。长期进修是一种"准常规语言教学"，它既追求语言知识的相对系统性，又兼顾语言技能的全面性和熟练程度。为此，本书努力体现该教学"输入大于输出"和大运动量的相对强化教学的特点。一是确保足够的输入量，表现在课文形式和字数、词汇、功能项目、句式及文化因素的数量等各个方面；二是确保足够的训练强度，表现在课文，特别是练习中的教学手段多样化、交际化和有效练习的大密度编排。

3. 编排的层级性。本书由低到高分为八个层级，各层级间既相互区别又紧密关联。形式上由简单到复杂：课文由简短对话到长句，再到短文；课文长度由100字增至700字以上；词汇量由第一层级的345词增至第八层级的653词。内容上循序渐进：前四个层级以校园学习和生活为主，后四个层级逐渐过渡到以社会生活为主；相关话题的表达和词语难度在不同层级也呈循环叠加、螺旋上升式分布。

4. 充分的交际性。作为教学的基本依据，助推课堂教学过程交际化是本书的着力点之一。表现在：话题选择尽量做到贴近现实生活和学习者的关注点；对话贯穿课文始终；每课提出若干具有交际性的常用句型；练习中既有功能和多技能训练的内容，也有各种限定范围和模拟情境的操练，尤其是专门安排了交际任务，以利"用中学"和交际能力的培养。

5. 全面的实用性。实用性是本书的根本出发点和落脚点。对学习者，通过有限的学习时间能够掌握基础阶段和部分中级阶段的语言要素、功能项目和语用条件，满足他们尽快提高交际能力的迫切愿望；对教师，本书多视角的话题、丰富的内容、简洁的语法说明、多样而大量的练习项目，都为教学准备和课堂组织提供了便利。此外，多层级设计增强了适应性，不同汉语基础和学习时间的使用者可以各取所需。

二、结构设计

1. 全书按八个层级分为 8 册，每册 10 课，共 80 课。此外，基于对零起点学生集中进行语音训练的必要性，第一册专门设有"汉语拼音基础"课程。

2. 每课包括课文、常用句、生词语、语言点（含基本句和重要词语用法）注释、操练与交际等。每册安排一套全覆盖的自测题。

3. "操练与交际"在全书所占比重最大。包括语言要素、语言技能、交际功能三大类练习。具体项目各册既有共性，又具个性特点。各册共有的如：

（1）语言要素练习：语音部分的辨音辨调、熟读短语、朗读句子。词语部分的生词填空、组成短语、连线、选词填空等。句法部分的模仿性句型操练，如重复、替换；理解性的完成句子、连词成句、改写句子、改错等。

（2）技能训练：完成对话、回答问题、模仿、阅读、写作等。

（3）交际功能：功能对话、自由表达、完成交际任务（包括"准任务"和"真任务"）。

此外，根据学习进度，各册分别安排了若干不同的练习，共计 30 余种。

4. 每册起首列出该册课文的主要人物，大多数人物贯穿 8 册始终。每册末尾附有生词及专名索引。

5. 第 1、2 册课文配有汉语拼音对照。第 1 册标注于汉字下，第 2 册列于课文后。

6. 翻译：为便于学习，正文的"汉语拼音基础"、语言点、生词，以及前四册练习项目均配有英文翻译；此外，生词总表配有日、韩、俄文对译。

三、教学目标

本书名为《目标汉语》，意在提示使用者：只有始终明确自己的目标并为之而努力，才能取得成功。

1. 总体目标。通过本书的教学，使学习者学习 4000 余个词语、《教学大纲》初级和部分中级语法项目、相应的功能项目和文化知识，完成若干交际任务。听、说、读、写技能全面达到《教学大纲》中等阶段前半段的目标要求，综合运用汉语的能力得到迅速提升。

2. 层级目标。每册具体教学目标如下表：

册 \ 项目	生词语	语言点	功能点	交际任务
1	345	41	21	15
2	384	39	11	13
3	447	41	23	16
4	471	31	29	12
5	530	53	17	11
6	538	38	22	10
7	642	58	23	12
8	653	49	41	11

四、使用建议

1. 教学进度。本书作为综合课教材，用于长期进修相对强化教学模式的教学时间为 1 学年，每学期学习 4 册。为确保教学效率，建议第一学期教学时间每周 16 课时，第二学期每周不少于 14 课时。其余课时可配以相应的听力、口语教学。

用于一般的长期进修教学，教学时间可适当延长（例如 3 个学期）；用于短期培训和自学，宜根据不同需要选择教材的一部或全部，教学时间亦可灵活安排。

2. 生词和语言点。本书生词分布在课文和练习（主要是阅读练习）中，其词义、词性基本上按照课中的语境确定；语言点及其注释一般也与当课的用法相一致。多词性、词义的生词和多用法的语言点，其未出部分一般留待后面出现时再列。这就要求词汇和语言点的教学分步、循序进行，而不宜毕其功于一课。

3. 功能与交际。常用句和功能会话提供了功能与结构相结合的素材，教学中应当予以重视。完成交际任务是本书的一个特点，在试用过程中，很受学生欢迎。需要注意的是，为适应任务教学法，教师的指导作用应主要体现在布置任务、提示方法和完成任务之后的检查、总结之中。

4. 教材的处理。本书旨在为教学提供一个结构特点鲜明、内容丰富多样、便于操作的平台，但不提倡刚性照搬，相反，允许针对不同教学模式和教学对象对其加以调整或补充。

五、几点说明

1. 本书是基于我们多年开展长期进修相对强化教学的探索和体验，吸取前贤的丰厚成果，积 5 年努力和集体智慧编写完成的。本书也是国家汉办科研规划项目和汉语国际推广多语种大连基地教材规划项目的成果之一。

2. 本书编写分工：

主编：刘川平，主持长期进修相对强化教学的理论研究与教学实践；在此基础上提出教材总体构思并制定编写大纲；组织教材的编写、试用并统改全部书稿。

编者：第 1 册：王松岩、刘川平。

第 2 册：王松岩。

第 3 册：郑桂芬、杨洁。

第 4 册：杨洁、郑桂芬。

第 5、6 册：王端。

第 7、8 册：陈子骄。

英文翻译：隋荣谊。

其他翻译：郝卓（日文）、胡倩（韩文）、赵辉（俄文）。

3. 在本书编写、试用和出版过程中，得到专家、同行的指导和北京大学出版社的鼎力支持。资料信息选自方方面面，虽尽最大努力与原作者取得联系，限于各种原因仍有部分未能如愿。在此对以上各方一并谨致谢忱！

一部教材是否合用，有赖于实践检验。热诚期待来自使用者和业内人士的批评和意见。

主　编：刘川平

PREFACE

This book series is a foundational comprehensive Chinese textbook for international students, beginners or those who have learned some Chinese. It is fit not only for the requirements of the long-term refresher study or the teaching mode of relative reinforcement training, but also for the general long-term refresher teaching program, short-term training program and self-study. The principle of compiling this book series is to improve the learners' communicative ability rapidly as the final target. Therefore, we apply the following means when compiling the book: Taking topics as guidance; vocabulary as focal point; grammar as the frame, function as supplementation; culture as inside information; practice as principal part.

1. Major Features

1.1 Reliable scientific approach. This basic Chinese textbook includes the elementary and the first half of intermediate level. Based on *Syllabus for Chinese Courses for International Students at Chinese Colleges and Universities —Long-term Refresher Course* (hereafter referred to as *Syllabus*), this book series mainly covers grammar items of the elementary and part of the intermediate levels with which we frame this book. Based on *Chinese Language Proficiency Standard and the Character Entries and Graded Character List*, the book series covers most vocabularies of Level A and B, and part of Level C, as well as a small amount of Level D. We also collect a number of highly used new words which reflect social and language development. In addition, we also select functional items suitable for the elementary level from *Syllabus*.

1.2 Relative intensiveness. Long-term refresher course is a "quasi-conventional language teaching", which pursues both the relative systemic

language knowledge and comprehensive skills and proficiency in using language. Therefore, the methodical approach we adhere is "larger input than output," and the characteristic of this book serise is large amount of exercise of relatively intensive teaching. First, to ensure adequate input, this is displayed in the form of texts and the amount of words, the vocabulary, the functional items, sentence structure and cultural factors, and the like in other aspects. Secondly, to ensure adequate intensive training, this is displayed in the texts, and in the exercises in particular, in which we apply diverse means of teaching, and effective communication and a large amount of exercises.

    1.3   The hierarchy of compiling this book series. The book series is divided into eight levels from low to high. They are different from each other but closely related. As to the form, we adhere to the principle of from simple to complex: the texts are composed of brief conversations, long sentences and then short passages; the length of the text from 100 words to 700 words or more; vocabulary from the first level of 345 words to the eighth level of 653. The degrees of difficulty of the content develop gradually: the former four levels are based on life and study on campus, and the latter four levels develop gradually to social life mainly; the degrees of difficulty of the related topics, and words and the expressions develop in a cycle, recurring and spiral distribution.

    1.4   Fully communicative. As the fundamental basis for teaching, boosting communicative process in class is one of the focuses of this book series, which displays as follows: topics selected are close to day-to-day life and to the learners' interest as much as possible; dialogues run through texts; in each lesson we have a number of common communicative patterns; in exercises, we arrange both functional and multi-skills training, and the practice with limited scope and under simulated conditions, especially special communication tasks in order to help develop interpersonal ability and be benefit from "learning from practice".

    1.5   Comprehensive practicality. Practicability is the fundamental starting point and end point of this book series. Within limited learning time, the learners have to master those language elements at the basic stage and some at the intermediate stage: functional items and pragmatic conditions as soon as possible to meet their urgent desire for communicative competence; wide range of topics, content rich in meaning, simple explanations to the grammatical structures, varied exercises facilitate teachers in preparing their lesson and teaching in classroom. In addition, the multi-level design enhanced the applicability, and the users at different level and for a long or short time spent may learn what they want.

2. Structural Design

2.1 The book series is divided into eight volumes according to eight levels. In each volume there are 10 lessons, and 80 lessons altogether in the book. Besides, based on the need for focusing pronunciation training to the beginners, we arrange Basic Chinese *Pinyin* in Volume One as an independent section.

2.2 Each lesson consists of text, sentences in common use, new words and expressions, notes to the language points (including basic sentence patterns and usage of important words and phrases), exercise and communication. And there is an Evaluation Paper, which covers what have been learned in each volume.

2.3 "Practice and Communication" occupy the largest proportion of the book series. They include three aspects: language elements, language skills, and communication. There exist common features and specific characteristics among each volume of the book, such as:

    A. Language elements practice: in the section of pronunciation, distinguish the sounds, read aloud the phrases, and read aloud the sentences; in the section of words and expressions, fill in the blanks with new words; make up phrases, linking, choosing the words to fill in the blanks; in syntax structure, imitation practice like repetition and substitution; in understanding, complete sentences, make sentences by linking the

words or phrases, rewrite sentences, and correct mistakes and etc..

B. Skills training: complete dialogues, answer questions, imitate, reading, and writing and etc.

C. C ommunication: functional communications; free talk, fulfill tasks (including the "quasi-tasks" and "real tasks").

In addition, according to the learning schedule, we also compile more than 30 exercises of different kind distributed in each volume.

2.4 The main characters appeared in the texts are listed at the front of each of volume. Most of them run through the book from Volume One to Volume Eight. Vocabulary (Index of New Words and Proper Nouns) is attached to the end of each volume.

2.5 In Volume One and Two, the texts are dubbed with Chinese *Pinyin*, Volume One under each character, and Volume Two at the end of each text.

2.6 Translation: for the convenience of study, the part of Basic Chinese *Pinyin*, language points, notes, new words and the exercises in the former four volumes are matched with English. Besides, the vocabulary at the back is matched with Japanese, Korean and Russian.

3. Teaching Objectives

The name of this book series is Go For Chinese, which means learners must keep it in mind that only by knowing what objective you want to gain throughout and working hard at it, can you successfully obtain it.

3.1 The global objective. Teaching by way of using this textbook series, learners will learn 4000 new words and expressions, grammar items of elementary and part of intermediate level in *Syllabus*, related functional items and cultural knowledge, and can fulfill some communicative tasks. Learners are expected to achieve the first half goal of intermediate level in the skills of listening, speaking, reading, and writing required in *Syllabus*. The comprehensive ability of using the language will be elevated promptly and greatly.

3.2 Objectives at each level. The objectives of each volume are as follows in the Chart:

Items Volume	New Words and Expressions	Language Points	Functional Items	Communicative Tasks
1	345	41	21	15
2	384	39	11	13
3	447	41	23	16
4	471	31	29	12
5	530	53	17	11
6	538	38	22	10
7	642	58	23	12
8	653	49	41	11

4. Tips for User

4.1 The schedule of teaching. As a comprehensive textbook, we suggest that this book series be used for a whole academic year for the long-term refresher study or the teaching mode of relative reinforcement training, each academic term 4 volumes. In order to ensure the efficiency of teaching, 16 hours of teaching per week is proposed for the first term, and no less than 14 hours per week for the second term. Teaching of listening and speaking covers the rest of the academic teaching hours.

For the general long-term refresher teaching program, the time of teaching can be prolonged (three terms for example); for short-term training program and self-study, the whole or part of the textbook can be selected accordingly, and the time of teaching can be flexibly arranged.

4.2 New words and language points. The new words are arranged in the texts and exercises (mainly in reading comprehension). The meaning and the parts of speech of the new words are basically in accordance with the context of situation in the text; the explanations to the language points and notes to the text are based on the usages in the text. As to the other usages or meanings of

the new words will be explained when they are used in that context of situation. Thus it requires new words and language points be listed and illustrated step-by-step in a progressive way, and should not be complete at one time.

4.3 Function and communication. Useful sentences and functional communication provide us comprehensive teaching materials with function and structure combined and should be focused on in teaching. Communication task is a feature of the book, which, in the trial process, has been popularly complimented by the students. It should be noted that in order to meet task-based teaching methods, the guiding role of teachers' should be laying out tasks, prompt them, check after the completion of the task and summarize how well they have done.

4.4 How to use the textbook. The book series aims to provide a platform for teaching with features of clear structures, rich and varied content, and easy to operate. We strongly oppose the way of rigid copy. We advocate the revision, adjustment or supplement be made to it according to different teaching modes and different levels of students.

5. Some Explanatory Notes

5.1 Based on our years of probing into the long-term refresher study and relatively intensive teaching experience, we have assimilate the rich achievements of those profound scholars and compiled this book with five years of hard working and boiled wisdom of all faculties. This is also an outcome of the scientific research project of the OCLCI, and one of the projects of the Teaching Material Planning of the Dalian Multi-lingual Base of Chinese Language Council International.

5.2 The division of compiling this book series:

Compiler-in-Chief: Chuanping Liu, is in charge of probing into the long-term refresher study and relatively intensive teaching both theoretically and practically, based on which he put forward the overall idea and listed an outline for compiling the book; and in charge of compiling, trial and correcting and improving all manuscripts.

Compilers: Volume I: Songyan Wang; Chuanping Liu

Volume II: Songyan Wang

Volume III: Guifen Zheng; Jie Yang

Volume IV: Jie Yang; Guifen Zheng

Volume V and VI: Duan Wang

Volume VII and VIII: Zijiao Chen

English Translator: Rongyi Sui

Other Translator: Zhuo Hao (Japanese); Qian Hu (Korean); Hui Zhao (Russian)

5.3 We hereby would like to express our sincere thanks to those experts and peers who have given us suggestions while compiling, trying and publishing the book, to Peking University Press who has given us great support in publishing this book, and also to those whose materials or data we have consulted or selected. Though we have tried our best to get in touch with all the original authors, limited to a varied of reasons, some we failed to.

If a textbook is applicable, it has to be tested through practice. We earnestly invite the users of this book series and those who are specialized in this field to put forward their criticism and suggestions.

Chief Compiler: Chuanping Liu

本册主要人物
Main Characters in the Texts of This Volune

爱米　女，20岁，美国留学生，来自美国某大学艺术系，性格活泼。

Amy, female, 20, an American student, from a Department of Art of an American university, is a girl of pleasant personality.

金美英　女，20岁，韩国留学生，随父母来中国，在中国某大学学习汉语。

Kim Mi Young, female, 20, a Korean student, has come to China with her parents and is now studding Chinese in a university in China.

山本信一　男，27岁，日本留学生，来自日本某大学，东亚经济专业硕士二年级。

Yamamoto Shinichi, male, 27, a Japanese student, diligent and industrious, from a Japanese university, majors East Asian Economics in his second year of Master Degree.

玛丽亚　女，20岁，俄罗斯留学生，来自俄罗斯某大学美术系，喜爱中国书画。

Mary, female, 20, a Russia student, from a Department of Art of an Russian university, likes Chinese painting and calligraphy.

大卫　男，22岁，意大利留学生，来自意大利某大学，中文系三年级，热情开朗，喜欢运动。

David, male, 22, an Italian junior student, from the Chinese Department of an Italian university, a very pleasant and sociable person, is fond of sports.

I

高桥朋子 女，21岁，日本留学生，来自日本某大学历史系。
Takahashi Tomoko, female, 21, a Japanese student, is from the Department of History of a Japanese university and likes traveling.

田中正龙 男，32岁，日本留学生，日本某公司职员，在中国短期进修汉语。
Tanaka Shyoryu, male, 32, Japanese student, a clerk of a Japanese company, is now in China for a short-term further studying Chinese.

孙 明 男，21岁，中国某大学日语专业学生。
Sun Ming, male, 21, a University of China, is a student of Department of Japanese.

王 兰 女，20岁，金美英的中国朋友。
Wang Lan, female, 20, Jin Meiying's Chinese friend.

丁 文 男，32岁，中国某大学汉语学院汉语教师。
Ding Wen, male, 32, is a Chinese teacher in a university of China.

张 云 女，48岁，中国某大学汉语学院汉语教师。
Zhang Yun, female, 48, is a Chinese teacher in a university of China.

目录
CONTENTS

第 1 课 去吃饭 —————————————— 1
Lesson 1 Go eating

> 基本句：结果补语（1）；"要是……就"
> Basic sentence patterns：Complement of result（1）；The usage of phrase "要是……就"
>
> 词语用法："一定"；"有点儿"；"太……了"
> Usage of words and phrases: The usage of "一定"; The usage of "有点儿"; The usage of "太……了"

第 2 课 说爱好 —————————————— 16
Lesson 2 Talking about hobbies

> 词语用法："一点儿"（2）；助动词"会"；范围副词"只"；助动词"能"；副词"可"
> Usage of words and phrases: The usage of "一点儿"（2）; The usage of the auxiliary verb "会"; The usage of the range-adverb "只"; The usage of the auxiliary verb "能"; The usage of the adverb "可"

I

第 3 课　去换钱　　　　31
Lesson 3　To exchange currency

基本句："一……就……"；"跟……（不）一样"
Basic sentence patterns：The phrase of "一……就……"；The phrase of "跟……（不）一样"

词语用法：疑问代词"怎么"；介词"往"；"离"；"那么"
Usage of words and phrases: The usage of the interrogative pronoun "怎么"；The usage of the preposition "往"；The usage of "离"；The phrase of "那么"

第 4 课　过周末　　　　47
Lesson 4　On weekends

基本句：简单趋向补语（1）；"又……又……"；"有时候……有时候……"
Basic sentence patterns：Simple transitional event complement（1）；The phrase of "又……又……"；The phrase of "有时候……有时候……"

词语用法：常（常）；比较"又"、"再"、"还"；动词重叠
Usage of words and phrases: The usage of "常（常）"；Compare "又"，"再" and "还"；The reduplication of verbs

第 5 课　打电话找人　　　　61
Lesson 5　Looking for somebody by making a phone call

词语用法：助动词"要"；助动词"可以"；"左右"；号码的读法
Usage of words and phrases: The usage of auxiliary verb "要"；The usage of auxiliary verb "可以"；The usage of "左右"；The way of reading numbers

第 6 课　我要订个房间　　　　　　　75
Lesson 6　I want to book a room

> 基本句："先……再……"
> Basic sentence patterns: The phrase of "先……再……"
>
> 词语用法：语气助词"啊"的变体
> Usage of words and phrases: The variant of the word of auxiliary mood "啊"

第 7 课　谈谈学习目的　　　　　　　88
Lesson 7　Talking about learning objectives

> 基本句：表示目的的"为"和"为了"；"有的……，有的……，还有的……"；"一边……一边……"
> Basic sentence patterns: The adverbial phrase of purpose "为" and "为了"; The phrase of "有的……有的……还有的……"; The phrase of "一边……一边……"
>
> 词语用法：动态助词"了"
> Usage of words and phrases: The usage of auxiliary verb "了"

第 8 课　我要借这些书　　　　　　　102
Lesson 8　I want to borrow some books

> 基本句："因为……，所以……"
> Basic sentence patterns: The phrase of "因为……，所以……"
>
> 词语用法：动态助词"着"；词头"第、老、大、小"
> Usage of words and phrases: The usage of auxiliary verb "着"; The usage of prefixes "第，老，大，小"

第 9 课　你干什么呢　　　　　　　116
Lesson 9　What are you doing there?

> 基本句：进行态（1）
> Basic sentence patterns: Progressive tense（1）

III

词语用法："差不多"
The usage of "差不多"

第 10 课　谈天气　　　　　　　　　　　　　　　130
Lesson 10　Talking about the weather

基本句：比较句（1）；"A 像 B 似的"
Basic sentence patterns：Comparative sentence（1）；The usage of "A 像 B 似的"

自测题　Evaluation paper　　　　　　　　　　　144
生词总表　Vocabulary　　　　　　　　　　　　149

去吃饭
Go eating

第 1 课 / Lesson 1

一 课文 Text

（一）在教室 In the classroom

孙　明：你的作业写完了吗？

山　本：作业都写完了，生词还没复习呢。

孙　明：今天就学到这儿吧。一定饿了吧？

山　本：确实有点儿饿了。现在几点了？

1

孙　明：七点一刻，我请你吃晚饭，好不好？
山　本：太好了。

(二) 去小吃店 Go to the restaurant

孙　明：你看见了吗？在那儿。这个小吃店很有名。
服务员：里边请。你们吃点儿什么？
孙　明：一碗酸辣汤，再要半斤包子。这儿的面条儿也很好吃。
山　本：我要一碗牛肉面。不要放辣的。
服务员：请稍等。
山　本：你看，我们的饭做好了。太快了。
孙　明：当然，小吃都很快，很方便。这是酱油、醋和辣椒面儿。要是觉得淡，就放点儿酱油。
山　本：不用了。我比较喜欢吃淡的和甜的。

孙　明：我喜欢吃酸的和辣的。

　　　　……

山　本：我吃饱了。哎，这儿地方不大，人真不少。

孙　明：这儿的小吃味道好，又便宜，服务员也很热情。要是五六点钟，人更多。

(一) Zài jiàoshì

Sūn Míng:　Nǐ de zuòyè xiěwán le ma?

Shānběn:　Zuòyè dōu xiěwán le, shēngcí hái méi fùxí ne.

Sūn Míng:　Jīntiān jiù xuédào zhèr ba. Yídìng è le ba?

Shānběn:　Quèshí yǒudiǎnr è le. Xiànzài jǐ diǎn le?

Sūn Míng:　Qī diǎn yí kè, wǒ qǐng nǐ chī wǎnfàn, hǎo bu hǎo?

Shānběn:　Tài hǎo le.

(二) Qù xiǎochīdiàn

Sūn Míng:　Nǐ kànjiàn le ma? Zài nàr. Zhè ge xiǎochīdiàn hěn yǒumíng.

Fúwùyuán:　Lǐbian qǐng. Nǐmen chīdiǎnr shénme?

Sūn Míng:　Yì wǎn suānlàtāng, zài yào bàn jīn bāozi. Zhèr de miàntiáor yě hěn hǎochī.

Shānběn:　Wǒ yào yì wǎn niúròumiàn. Bú yào fàng là de.

Fúwùyuán:　Qǐng shāo děng.

Shānběn: Nǐ kàn, wǒmen de fàn zuòhǎo le. Tài kuài le.

Sūn Míng: Dāngrán, xiǎochī dōu hěn kuài, hěn fāngbiàn. Zhè shì jiàngyóu、cù hé làjiāomiànr. Yàoshi juéde dàn, jiù fàngdiǎnr jiàngyóu.

Shānběn: Búyòng le. Wǒ bǐjiào xǐhuan chī dàn de hé tián de.

Sūn Míng: Wǒ xǐhuan chī suān de hé là de.

……

Shānběn: Wǒ chībǎo le. Ài, Zhèr dìfang bú dà, rén zhēn bù shǎo.

Sūn Míng: zhèr de xiǎochī wèidao hǎo, yòu piányi, fúwùyuán yě hěn rèqíng. Yàoshi wǔ liù diǎnzhōng, rén gèng duō.

二 常用句 Useful sentences

1. 我的作业写完了。
2. 生词还没复习呢。
3. 我有点儿饿了。
4. 你们吃点儿什么?
5. 要是觉得淡,就放点儿酱油。

三 生词 New words

1. 饭	fàn	（名）	meal	
2. 完	wán	（动）	be finished; complete	
3. 生词	shēngcí	（名）	new words	
4. 复习	fùxí	（动）	rreview	
5. 一定	yídìng	（副）	surely	
6. 饿	è	（形）	be hungry	
7. 确实	quèshí	（副）	true; exact	
8. 有点儿	yǒudiǎnr	（副）	somewhat; rather	
9. 刻	kè	（量）	quarter (of an hour)	
10. 晚饭	wǎnfàn	（名）	supper	
11. 太	tài	（副）	excessively; too	
12. 看见	kànjiàn		catch sight of	
13. 小吃店	xiǎochīdiàn	（名）	snack bar; lunchroom; eatery	
小吃	xiǎochī	（名）	small and inexpensive dishes; snacks	
店	diàn	（名）	shop; store	
14. 有名	yǒumíng	（形）	well-known; famous	
15. 碗	wǎn	（名）	bowl	
16. 酸辣汤	suānlàtāng	（名）	hot and sour soup	
酸	suān	（形）	acid	

第 1 课 去吃饭

Lesson 1 Go eating

	辣	là	（形）	hot; peppery
	汤	tāng	（名）	soup
17.	包子	bāozi	（名）	steamed stuffed bun
18.	面条儿	miàntiáor	（名）	noodle
19.	牛肉面	niúròumiàn	（名）	beef noodles
20.	服务员	fúwùyuán	（名）	waiter or waitress
21.	放	fàng	（动）	put
22.	稍	shāo	（副）	a little; a bit
23.	等	děng	（动）	wait
24.	方便	fāngbiàn	（形）	convenient
25.	酱油	jiàngyóu	（名）	soy sauce
26.	醋	cù	（名）	vinegar
27.	辣椒	làjiāo	（名）	chili
28.	面儿	miànr	（名）	powder
29.	要是	yàoshi	（连）	if
30.	淡	dàn	（形）	desalination
31.	比较	bǐjiào	（副）	comparatively
32.	喜欢	xǐhuan	（动）	like; be fond of
33.	甜	tián	（形）	sweet
34.	饱	bǎo	（形）	have eaten one's fill
35.	哎	āi	（叹）	showing surprise or disapproval
36.	地方	dìfang	（名）	place

37. 味道	wèidao	（名）	flavor; taste
38. 热情	rèqíng	（形）	enthusiastic
39. 点钟	diǎnzhōng	（名）	o'clock
40. 更	gèng	（副）	more; further
41. 张	zhāng	（量）	measure word used for paper, beds, tables, etc.
42. 饼	bǐng	（名）	round flat cake
43. 米饭	mǐfàn	（名）	cooked rice
44. 饺子	jiǎozi	（名）	dumpling

四 语言点 Language points

（一）基本句 Basic sentence patterns

1. 结果补语（1） Complement of result（1）

动词后边的补语，补充说明动作发生后的结果。后面常用"了"。格式：

The complementary element after the verb describes the result of an action happened afterwords. "了" is usually used after it. Sentence pattern:

动词　+　结果补语
V.　　+　complement of result

吃　　完
吃　　饱
找　　到
看　　见

第 1 课　去吃饭 Lesson 1 *Go eating*

（1）你作业写完了吗?
（2）书都买到了。

▲ 否定时用"没"，这时不能用"了"。例如：

In negative sentences, "没" is usually used instead and "了" can not be used. For example:

（3）这几张照片都没照好。（×这几张照片都没照好了。）

2. 要是……就　The usage of phrase "要是……就"

表示假设。"要是"后边是设想的情况，"就"的后边是结果。例如：

The phrase "要是……就" denotes hypothesis. The condition assumed is after "要是……", and the result is after "就". For example:

（1）要是五六点钟，人就更多了。
（2）要是丁老师不在，我就去找张老师。

（二）词语用法　Usages of words and phrases

1. 一定　The usage of "一定"

"一定"放在谓语的前边，表示肯定的语气。例如：

"一定" is used before the predicate verb to indicate the positive mood. For example:

（1）你一定饿了吧?
（2）我明天一定去。

否定形式有两种："不一定"，表示不确定的语气；"一定不 / 没"，表示确定的语气。例如：

"不一定" and "一定不 / 没" are the two forms of the negative to indicate non-confident mood and confident mood respectively. For example:

（3）大商店的东西也不一定很贵。（不确定）

（4）这件事她一定不知道。（确定）

2. 有点儿　The usage of "有点儿"

表示程度不高，多用在形容词前边。例如：

"有点儿" indicates the degree is not high and is usually used before adjectives. For example:

（1）面条儿有点儿淡。

（2）我觉得有点儿辣。

（3）水果有点儿贵。

▲ "有点儿"后边的形容词的意思常是说话人不太满意的，表示满意的形容词一般不用"有点儿"。例如：

The adjective after the phrase "有点儿" means what the speaker usually is not satisfied with, and can not be used with the adjectives with the meaning of contentment or satisfaction. For example:

（4）× 大卫的房间有点儿干净。

（5）× 玛丽亚的衣服有点儿漂亮。

3. 太……了　The usage of "太……了"

表示程度极高或过分，语气很强。格式：

"太……了" is used to show one's extreme or terrific feelings. Sentence pattern:

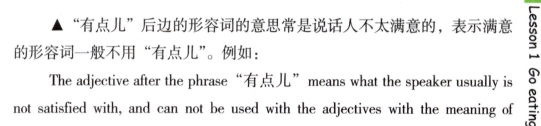

（1）我们一起去，太好了。

（2）教室太干净了。

（3）商店太远了。

五 操练与交际　Practice and communication

(一) 读下列音节，注意辨别声韵调
Read the following syllables and pay attention to distinguish the initials, the finals and the tones

yǒumíng—yàomìng	quèshí—qièshí	shēngcí—shēnchí
xǐhuan—xíguàn	fāngbiàn—fàndiàn	zhāng—cháng
bǐng—píng	wèidao—wàidao	jiǎozi—jiāozǐ
bāozi—bàozhǐ	bǐjiào—bǐzhào	tài—dài
diǎnzhōng—diǎnzhòng	děng—dǒng	yídìng—yùdìng

(二) 熟读下列短语　Read up the following phrases

一定来	一定买	一定吃	一定找	一定等
确实漂亮	确实不错	确实容易	确实干净	确实贵
有点儿累	有点儿少	有点儿小	有点儿难	有点儿高
太方便了	太新了	太饿了	太饱了	太热情了
有名的饭店	有名的茶	有名的书店	有名的餐厅	有名的地方
比较喜欢	比较好吃	比较容易	比较长	比较绿

(三) 用本课的生词填空
Fill in the blanks with the new words in this lesson

1. 我的作业都写_____了。
2. 你没吃_____就再吃点儿。
3. 听说王老师明天过生日，我_____去。
4. 玛丽亚今天_____了一件非常漂亮的衣服。
5. 我们宿舍旁边有一个餐厅，在那儿吃饭很_____。

6. 这儿的小吃_____不错。

7. 我要一_____饼和一_____米饭。

8. 酸辣汤有点儿_____，再放点儿酱油。

9. 现在两点一_____。

10. 请_____等，我买点儿水果。

(四) 词语搭配 Collocations of words and phrases

有名_____　　复习_____　　一定_____　　确实_____

有点儿_____　　_____方便　　比较_____　　喜欢_____

_____热情　　_____饱　　_____等　　_____放

(五) 选词填空 Choose the best word to fill in the blanks

有点儿　　点儿

1. 这个生词_____难，我不明白。

2. 我想喝_____茶。

3. 我现在_____饿，想找个地方吃_____饭。

4. 这件衣服确实_____贵。

5. 你要是喜欢吃辣的就放_____辣椒面儿。

(六) 句型替换 Sentence patterns substitution

1

词典	找到
生词	听懂
照片	照好
饺子	吃完
包子	做好

A：作业 写完了吗？
B：写完了。

第 1 课　去吃饭　Lesson 1 *Go eating*

2

口语课	听明白
水果	卖完
公共汽车	等到
这本书	看懂

A：菜 做好了吗？
B：还没做好呢。

3

听	累
练	饿
复习	累
看	饿

A：今天就学到这儿吧。一定饿了吧？
B：确实有点儿饿了。

4

A：我请你吃晚饭，好不好？
B：太好了。

吃饺子
喝啤酒
吃蛋糕
喝咖啡

5

要 两碗牛肉面	要一斤饺子
喝 一瓶啤酒	要一瓶矿泉水
买 一个本子	买一支铅笔
吃 两张饼	来一碗米饭

A：你们吃点儿什么？
B：一碗酸辣汤，再要半斤包子。

A：要是放辣椒面儿就更辣了。
B：没关系，我比较喜欢吃辣的。

6

到了六点钟，人	多	人多了热闹	
学口语	难	我比较喜欢说汉语	
不吃饭	饿	我有水果	
走到海边	累	我比较喜欢走路	

（七）对下列问题分别做出肯定和否定的回答

Answer the following question with affirmative and negative answers

1. 生日礼物买完了吗？
2. 你吃饱了吗？
3. 生词都复习好了吗？
4. 练习都做完了吗？
5. 你的本子找到了吗？
6. 菜都吃完了吗？
7. 茶都喝完了吗？
8. 昨天的课都听明白了吗？

（八）完成对话　Complete the following conversations

1. 差一刻七点，高桥和金美英在宿舍一起学汉语。

　　高　桥：_____？
　　金美英：生词都写完了，_____。
　　高　桥：今天_____，一定饿了吧？
　　金美英：_____。现在几点了？

高　桥：_____，我请你吃晚饭，好不好？

金美英：_____。

2. 高桥和金美英来到小吃店。

服务员：里边请。你们吃点儿什么？

高　桥：_____再要_____。

金美英：_____。

服务员：请稍等。

金美英：你看，我们的菜做好了。太快了。

高　桥：当然，_____。

服务员：还要什么？

金美英：不用了，谢谢。

高　桥：这儿地方不大，人真不少。

金美英：要是到了_____，人就更多了。

（九）读后判断对错

Read the following passage first and fill in the brackets with " √ " or " × "

昨天星期二，晚上大卫和玛丽亚一起在教室学习。玛丽亚作业写完了，生词还没复习。她觉得生词很难，很多生词的意思还没学懂。大卫听力课复习完了，口语课和基础汉语课的练习还没做。玛丽亚的口语比较好，就和他一起练习。差一刻八点了，他们觉得有点儿饿，大卫就请玛丽亚一起去宿舍旁边的小吃店吃晚饭。玛丽亚要了一碗酸辣汤和半斤饺子，大卫要了一碗牛肉面，还要了两个包子。他们觉得味道非常好，服务员也很热情。大卫说，饭店也是练习口语的好地方。

1. 昨天星期二，大卫和玛丽亚一起在教室学习。　　　（　）

2. 玛丽亚生词复习完了，作业还没写呢。　　　　　　（　）

3. 玛丽亚觉得生词很难，很多生词的意思都还没学懂。（   ）

4. 大卫口语课和听力课复习完了，基础汉语课的练习还没做。（   ）

5. 七点四十五分的时候，他们饿了。（   ）

6. 玛丽亚的口语比较好。（   ）

7. 大卫也要了一碗酸辣汤，还要了两个包子。（   ）

8. 玛丽亚要了一碗酸辣汤和半斤饺子。（   ）

9. 他们觉得小吃味道真不错。（   ）

10. 大卫觉得在饭店也可以练习口语。（   ）

（十）交际　Role play

两个同学在小吃店和服务员对话。

Two students are talking to a waiter or a waitress.

第2课 Lesson 2

说爱好
Talking about hobbies

一 课文 Text

（一）在车上 On the bus

(大卫上了车，玛丽亚走过来 David got on the bus, and Mary came to him)

玛丽亚：大卫，你去哪儿？

大　卫：我去游泳馆。快一点儿。

(车开了　The bus was moving)

玛丽亚：你的爱好真不少。

大　卫：我特别喜欢体育运动。游泳、打网球、踢足球什么的，我都喜欢。

玛丽亚：你会这么多，真行。

大　卫：哪里哪里，都只会一点儿。你有什么爱好？

玛丽亚：我爱好画画儿，还有听音乐。我想学游泳，你能教我吗？

大　卫：当然，要是你有兴趣，下周五一起去吧。……我到了。

玛丽亚：好，再见。

大　卫：再见。

（二）生日晚会上　At the birthday party

同学们：祝你生日快乐。

金美英：谢谢。我不能再喝了，再喝就多了。

山　本：不多，脸还没红呢。今天你过生日，多喝点儿。

爱　米：山本就喜欢喝酒。高桥，你喜欢做什么？

高　桥：我的爱好可多了。我喜欢游泳，还会唱歌、跳舞呢。

金美英：我也喜欢跳舞，还爱读书，我的书可多了。

爱　米：我喜欢旅游和照相。

山　本：我喜欢喝啤酒……

金美英：还有呢？

山　本：还有红酒。

高　桥：还有白酒吧？

（一）Zài chē shang

(Dàwèi shàngle chē, Mǎlìyà zǒu guolai)

Mǎlìyà: Dàwèi, nǐ qù nǎr?

Dàwèi: Wǒ qù yóuyǒngguǎn. Kuài yìdiǎnr.

(Chē kāi le)

Mǎlìyà: Nǐ de àihào zhēn bù shǎo.

Dàwèi: Wǒ tèbié xǐhuan tǐyù yùndòng. Yóuyǒng, dǎ wǎngqiú, tī zúqiú shénmede, wǒ dōu xǐhuan.

Mǎlìyà: Nǐ huì zhème duō, zhēn xíng.

Dàwèi: Nǎli nǎli, dōu zhǐ huì yìdiǎnr. Nǐ yǒu shénme àihào?

Mǎlìyà: Wǒ àihào huà huàr, hái yǒu tīng yīnyuè. Wǒ xiǎng xué yóuyǒng, nǐ néng jiāo wǒ ma?

Dàwèi:	Dāngrán, yàoshi nǐ yǒu xìngqù, xià zhōuwǔ yìqǐ qù ba. …… Wǒ dào le.
Mǎlìyà:	Hǎo, zàijiàn.
Dàwèi:	Zàijiàn.

(二) Shēngrì wǎnhuì shang

Tóngxuémen:	Zhù nǐ shēngrì kuàilè.
Jīn Měiyīng:	Xièxie. Wǒ bù néng zài hē le, zài hē jiù duō le.
Shānběn:	Bù duō, liǎn hái méi hóng ne. Jīntiān nǐ guò shēngrì, duō hēdiǎnr.
Àimǐ:	Shānběn jiù xǐhuan hē jiǔ. Gāoqiáo, nǐ xǐhuan zuò shénme?
Gāoqiáo:	Wǒ de àihào kě duō le. Wǒ xǐhuan yóuyǒng, hái huì chàng gē、tiào wǔ ne.
Jīn Měiyīng:	Wǒ yě xǐhuan tiào wǔ, hái ài dú shū, wǒ de shū kě duō le.
Àimǐ:	Wǒ xǐhuan lǚyóu hé zhào xiàng.
Shānběn:	Wǒ xǐhuan hē píjiǔ ……
Jīn Měiyīng:	Hái yǒu ne?
Shānběn:	Hái yǒu hóngjiǔ.
Gāoqiáo:	Hái yǒu báijiǔ ba?

常用句 Useful sentences

1. 我特别喜欢体育运动。
2. 你有什么爱好？
3. 我爱好画画儿，还有听音乐。
4. 不能再喝了，再喝就多了。
5. 我的爱好可多了。

生 词 New words

1. 爱好	àihào	（名、动）	like; hobby
2. 游泳馆	yóuyǒngguǎn	（名）	natatorium
游泳	yóu yǒng		swim
馆	guǎn	（名）	place of accommodation for guests, visitors
3. 特别	tèbié	（副）	specially
4. 体育	tǐyù	（名）	sports
5. 运动	yùndòng	（名、动）	exercises; sports
6. 打	dǎ	（动）	play
7. 网球	wǎngqiú	（名）	tennis
8. 踢	tī	（动）	kick; play（football）

9. 足球	zúqiú	（名）	football; soccer
球	qiú	（名）	ball
10. 什么的	shénmede	（助）	and so on; etc.
11. 会	huì	（动、助动）	be possible to; can
12. 只	zhǐ	（副）	only; just
13. 画	huà	（动）	draw; paint
14. 画儿	huàr	（名）	picture
15. 音乐	yīnyuè	（名）	music
16. 能	néng	（助动）	can; be able to
17. 教	jiāo	（动）	teach
18. 兴趣	xìngqù	（名）	interest
19. 周	zhōu	（名）	week
20. 祝	zhù	（动）	express good wishes; wish
21. 快乐	kuàilè	（形）	happy; joyful
22. 脸	liǎn	（名）	face
23. 红	hóng	（形）	red
24. 可	kě	（副）	very; even
25. 唱	chàng	（动）	sing
26. 歌	gē	（名）	song
27. 跳	tiào	（动）	jump; dance
28. 舞	wǔ	（名）	dance
29. 爱	ài	（动）	love; be fond of
30. 读	dú	（动）	read

第 2 课　说爱好

Lesson 2　Talking about hobbies

31. 旅游	lǚyóu	（动）	trip; travel
32. 照相	zhào xiàng		take a photograph
33. 啤酒	píjiǔ	（名）	beer
34. 红酒	hóngjiǔ	（名）	red wine
35. 白酒	báijiǔ	（名）	white spirits; liquor
36. 念	niàn	（动）	read
37. 大家	dàjiā	（代）	everybody
38. 等(等)	děng(děng)	（副）	and so on; etc.

四 语言点　Language points

词语用法　Usage of words and phrases

1. 一点儿 (2)　　The usage of "一点儿" (2)

"一点儿"也可以用在形容词后：

"一点儿" can be used after adjectives:

| 形容词 | + | 一点儿 |
| Adjective | + | 一点儿 |

快　　一点儿

早　　一点儿

大　　一点儿

▲ "一点儿"和"有点儿"

The difference between "一点儿" and "有点儿"

"一点儿"是数量词，用在名词前，或者动词、形容词后边；"有点儿"是副词，只能放在形容词及部分动词的前边。例如：

"一点儿" is a quantifier or a classifier, which can be used before a noun or after a verb and an adjective, while "有点儿" is an adverb, which can only be used before an ajective or part of verbs. For example:

大一点儿（×一点儿大）

有点儿大（×大有点儿）

▲ 有时名词前出现"有点儿"，这是动词"有"+"一点儿"，省略了数词"一"。例如：

"有点儿" sometimes is used before a noun, and in such case, "有" is a verb and numeral "一" is omitted. For example:

有点儿问题（有一点儿问题）

2. 助动词"会"　　The usage of the auxiliary verb "会"

"会"用在动词的前边，表示有能力做某事，也可以表示可能出现。例如：

"会" used before a verb indicates the ability, be able to do sth., and may also mean possibility. For example:

（1）我会游泳。（有能力做）

（2）他们都不会说汉语。（有能力做）

（3）今天丁老师会来吗？（可能）

3. 范围副词"只"　　The usage of the range-adverb "只"

"只"，用在动词前边，表示范围小，数量少。例如：

"只" used before a verb indicates in a small range or in a little amount. For example:

（1）我只会一点儿英语。

（2）教师里只有五六个学生。

4. 助动词"能"　　The usage of the auxiliary verb "能"

"能"用在动词的前边，表示有能力做某事，也可以表示可能出现。例如：

"有点儿" indicates the degree is not high and is usually us "能" used before a verb means ability, be able to do sth., and may also mean possibility. For example:

（1）金美英不能再喝了。

（2）明天他一定能来。

▲ 比较"会"和"能"　The difference between "会" and "能"

以上第2项助动词"会"中的句子都可以换用"能"，但是，表示学习后有能力做某事，常常用"会"。另外，"能"还可以表示"允许"，"会"没有这个用法。例如：

"会" in usage 2 can be replaced by "能". When we refer to the ability gained after being trained, "会" is usually used. "能" can be used to indicate the permission, but "会" can not be. For example:

（1）他会开车了。

（2）我能进来吗？（×我会进来吗?）

5. 副词"可"　　The usage of the adverb "可"

"可"可以和形容词等一起使用，构成"可……了"格式，表示强调，有夸张和感叹的语气。例如：

"可" can be used together with an adjective to form a structure "可……了" to indicate exaggeration or exclamation. For example:

（1）我的爱好可多了。

(2) 大卫的房间可干净了。

(3) 今天美英可高兴了。

▲ 在"可……了"格式中,"了"不能省略。

"了" can not be omitted in this usage.

× 这本书可有意思。

五 操练与交际　Practice and communication

(一) 读下列音节,注意辨别声韵调
Read the following syllables and pay attention to distinguish the initials, the finals and the tones

àihào—àihāo　　　zhù—jù　　　　kuàilè—guài rè

wǎngqiú—wǎnqiū　dàjiā—dǎ jià　　xìngqù—xīngqī

niàn—liàn　　　　tiào—diào　　　néng—nóng

lǚyóu—lǐyóu　　　huì—fèi　　　　yùndòng—yúndòu

yīnyuè—Yīngyǔ　　yóuyǒng—yǒuyòng　tǐyù—tǐlì

(二) 熟读下列短语　Read up the following phrases

爱好体育　　　　爱好音乐　　　　爱好运动

爱好画画儿　　　爱好跳舞　　　　爱好唱歌

特别热情　　　　特别快乐　　　　特别高兴

特别喜欢　　　　特别干净　　　　特别红

会唱歌　　　　　会跳舞　　　　　会汉语

会踢足球　　　　会游泳　　　　　会打球

第 2 课　说爱好
Lesson 2　Talking about hobbies

只会	只能	只打
只爱	只教	只买
能教	能打	能做
能来	能读	能念
可多了	可方便了	可漂亮了
可美了	可好吃了	可高了

（三）用本课的生词填空

Fill in the blanks with the new words in this lesson

1. 我的弟弟_____游泳。
2. 金美英觉得学习汉语很_____。
3. 我没有姐姐，_____有一个哥哥。
4. 每天早上操场都有很多人做_____。
5. 我喜欢跳_____，我的妹妹喜欢唱_____。
6. 今天的作业很多，你_____写完吗？
7. 今天_____四，你下午有事吗？
8. 他特别喜欢_____，他照的照片都很漂亮。
9. 那边风景很美，我们去那儿画_____吧。
10. 高桥不会喝酒，只喝了一点儿，脸就_____了。

（四）词语搭配 Collocations of words and phrases

特别_____   兴趣_____   踢_____   _____快乐

教_____   可_____   _____游泳   打_____

爱好_____   念_____

（五）选词填空　Choose the best word to fill in the blanks

能　　会

1. 我的口语不太好，你_____教我吗？
2. 我的弟弟只有一岁，还不_____说话。
3. 这本词典非常好，还_____买到吗？
4. 大卫_____游泳。
5. 金美英真_____吃辣的。
6. 你_____英语吗？

有点儿　　一点儿

1. 我们快_____走吧。
2. 你明天早_____来，可以吗？
3. 我现在_____饿了，我们去吃饭吧。

（六）把下边的句子改变成"可……了"的句子

Change the following sentences to sentence with "可……了" structure

1. 今天食堂的菜非常好吃。

2. 办公室的老师都很热情。

3. 公共汽车里的人真多。

4. 他的宿舍太小了。

5. 丁老师最近特别忙。

(七) 句型替换　　Sentence patterns substitution

1
画画儿、唱歌、跳舞
旅游、照相、听音乐
读书、运动

游泳、打网球、踢足球什么的，我都喜欢。

2
唱歌　　跳舞
旅游　　照相
读书　　运动

A：你有什么爱好？
B：我爱好画画儿，还有听音乐。

3
唱歌真好
跳舞真不错
照相太好了
游泳太快了

A：你爱好真多。
B：哪里哪里，只会一点儿。

4
放　　辣
等　　晚
跳　　累
唱　　累

不能再喝了，再喝就多了。

（八）完成对话　Complete the following conversations

1. 孙明在操场遇见了大卫。

    孙　明：你爱好什么？

    大　卫：_____（体育）

    孙　明：就是跑步吗？

    大　卫：不只是跑步。我还_____什么的。

    孙　明：你为什么这么喜欢体育？

    大　卫：_____

2. 在玛丽亚的宿舍。

    金美英：你画的画儿太美了。

    玛丽亚：_____，我只会画一点儿。

    金美英：你还有什么爱好？

    玛丽亚：_____你呢？

    金美英：_____

第2课　说爱好

Lesson 2　Talking about hobbies

（九）读后选择　Choose the best answer after reading the passage

星期四下午下课后，同学们在一起说到了大家的爱好。爱米的爱好是旅游和照相，她准备周末去北京旅游。大卫的爱好都是体育运动，他的身体非常好，他喜欢游泳、打网球、踢足球等等。玛丽亚爱好画画儿，还有听音乐。她画的画儿非常漂亮。高桥的爱好可多了，她喜欢游泳，还会唱歌、跳舞。金美英喜欢跳舞和读书，她家有很多书。山本觉得累了，回宿舍了，大家还不知道他的兴趣是什么呢。

1. 他们谈爱好的时间是_____。

    A. 星期日上午　　　　　B. 星期日下午

    C. 星期四上午　　　　　D. 星期四下午

29

2. 谁的爱好还不知道?

    A. 山本　　　　　　　　B. 高桥

    C. 金美英　　　　　　　D. 大卫

3. 谁准备周末去北京旅游?

    A. 金美英　　　　　　　B. 爱米

    C. 高桥　　　　　　　　D. 大卫

4. 下面哪个不是大卫的爱好?

    A. 游泳　　　　　　　　B. 打网球

    C. 唱歌　　　　　　　　D. 踢足球

5. 都喜欢跳舞的两个同学是_____。

    A. 大卫和山本　　　　　B. 金美英和高桥

    C. 玛丽和高桥　　　　　D. 高桥和大卫

(十) 交际　Role play

1. 互相介绍自己的爱好。

    Say something about your hobbies to each other.

2. 看图谈谈他们的爱好。

    Say something about their hobbies according to the pictures given below.

去换钱
To exchange currency

第 3 课
Lesson 3

爱　米：先生，请问中国银行怎么走？

路　人：从这儿往前走，过两个路口，左边就有一家中国银行。

爱　米：离这儿远吗？

路　人：很近，走路5分钟，到那儿一问就知道了。

爱　米：谢谢您。

（二）在银行　In the bank

职　员：小姐，办业务请在这儿取号。

爱　米：我是留学生，不知道怎么取号，您能帮我吗？

职　员：不客气，你办什么业务？

爱　米：我想换钱。

职　员：你看，找到外汇业务，用手一点就行了。

爱　米：您这么一说我就明白了。

职　员：这是你的号码，请坐那儿等吧。

爱　米：谢谢。

（广　播：1008号请到6号窗口。）

爱　米：小姐，我想换点儿人民币，这是1200美元。

营业员：护照带了吗？

爱　米：给您。

爱　米：请问，今天美元对人民币的兑换率是多少？

营业员：兑换率每天都不一样，你看！

爱　米：那么低？那我不换那么多了，就换500美元。

营业员：请在这儿写上你的名字。

爱　米：写中文的还是英文的？

营业员：跟护照一样就行。

爱　米：好的。

营业员：一共是3400块。

爱　米：正好，谢谢。

营业员：不客气。

（一）Zài lù shang

Àimǐ: Xiānsheng, qǐngwèn Zhōngguó Yínháng zěnme zǒu?

Lùrén: Cóng zhèr wǎng qián zǒu, guò liǎng ge lùkǒu, zuǒbian jiù yǒu yì jiā Zhōngguó Yínháng.

Àimǐ: Lí zhèr yuǎn ma?

Lùrén: Hěn jìn, zǒu lù wǔ fēnzhōng, dào nàr yí wèn jiù zhīdao le.

Àimǐ: Xièxie nín.

(二) Zài yínháng

Zhíyuán: Xiǎojie, bàn yèwù qǐng zài zhèr qǔ hào.

Àimǐ: Wǒ shì liúxuéshēng, bù zhīdào zěnme qǔ hào, nín néng bāng wǒ ma?

Zhíyuán: Bú kèqi, nǐ bàn shénme yèwù?

Àimǐ: Wǒ xiǎng huàn qián.

Zhíyuán: Nǐ kàn, zhǎodào wàihuì yèwù, yòng shǒu yì diǎn jiù xíng le.

Àimǐ: Nín zhème yì shuō wǒ jiù míngbai le.

Zhíyuán: Zhè shì nǐ de hàomǎ, qǐng zuò nàr děng ba.

Àimǐ: Xièxie.

(Guǎngbō: Yāolínglíngbā hào qǐng dào liù hào chuāngkǒu.)

Àimǐ: Xiǎojie, wǒ xiǎng huàndiǎnr Rénmínbì, zhè shì yìqiān èrbǎi Měiyuán.

Yíngyèyuán: Hùzhào dài le ma?

Àimǐ: Gěi nín.

Àimǐ: Qǐngwèn, jīntiān Měiyuán duì Rénmínbì de duìhuànlǜ shì duōshao?

Yíngyèyuán: Duìhuànlǜ měi tiān dōu bù yíyàng, nǐ kàn!

Àimǐ: Nàme dī? Nà wǒ bú huàn nàme duō le, jiù huàn wǔbǎi Měiyuán.

Yíngyèyuán: Qǐng zài zhèr xiěshang nǐ de míngzi.

Àimǐ: Xiě Zhōngwén de háishì Yīngwén de?

Yíngyèyuán: Gēn hùzhào yíyàng jiù xíng.

Àimǐ: Hǎo de.

Yíngyèyuán: Yígòng shì sānqiān sìbǎi kuài.

Àimǐ: Zhènghǎo, xièxie.

Yíngyèyuán: Bú kèqi.

二 常用句 Useful sentences

1. 请问中国银行怎么走？
2. 从这儿往前走，过两个路口，左边就有一家中国银行。
3. 您能帮我吗？
4. 您这么一说我就明白了。
5. 今天美元对人民币的兑换率是多少？

第 3 课 去换钱　Lesson 3　To exchange currency

三 生 词 New words

1. 先生	xiānsheng	（名）	sir
2. 银行	yínháng	（名）	bank
3. 怎么	zěnme	（代）	how
4. 路人	lùrén	（名）	passerby; stranger
5. 从	cóng	（介）	from
6. 往	wǎng	（介）	towards; to
7. 路口	lùkǒu	（名）	crossing
8. 左边	zuǒbian	（名）	the left

35

9.	家	jiā	(量)	measure word
10.	离	lí	(动)	leave; distant from
11.	远	yuǎn	(形)	distant; far away in time or space
12.	近	jìn	(形)	near
13.	分钟	fēnzhōng	(名)	minute
14.	一…… 就……	yī…… jiù……		as soon as
15.	职员	zhíyuán	(名)	office worker
16.	小姐	xiǎojie	(名)	miss
17.	办	bàn	(动)	do; manage
18.	业务	yèwù	(名)	professional work
19.	取	qǔ	(动)	take; get
20.	帮	bāng	(动)	help
21.	换	huàn	(动)	exchange
22.	外汇	wàihuì	(名)	foreign exchange
23.	用	yòng	(动)	use
24.	手	shǒu	(名)	hand
25.	点	diǎn	(动)	push
26.	号码	hàomǎ	(名)	number
	号	hào	(名)	number
27.	零	líng	(数)	zero
28.	广播	guǎngbō	(动)	broadcast
29.	窗口	chuāngkǒu	(名)	window
30.	千	qiān	(数)	thousand

31. 百	bǎi	（数）	hundred
32. 营业员	yíngyèyuán	（名）	shop employee; shop assistant
33. 护照	hùzhào	（名）	passport
34. 对	duì	（动）	versus; treat
35. 兑换率	duìhuànlǜ	（名）	rate of exchange
兑换	duìhuàn	（动）	exchange
36. 那么	nàme	（代）	so; such
37. 一样	yíyàng	（形）	the same
38. 一共	yígòng	（副）	altogether; in all
39. 正好	zhènghǎo	（形）	just enough; just in time
40. 数	shǔ	（动）	count
41. 比	bǐ	（动）	ratio; proportion
42. 单	dān	（名）	bill; sheet

专 名 Proper nouns

1. 中国银行	Zhōngguó Yínháng	Bank of China
2. 人民币	Rénmínbì	RMB
3. 美元	Měiyuán	(U. S.) dollar
4. 中文	Zhōngwén	Chinese (language)
5. 英文	Yīngwén	English
6. 英镑	Yīngbàng	pound sterling
7. 欧元	Ōuyuán	EURO
8. 日元	Rìyuán	Japanese yen

第 3 课　去换钱

Lesson 3　To exchange currency

37

四 语言点 Language points

（一）基本句 Basic Sentence Patterns

1. 一……就…… The phrase of "一……就……"

表示两个动作间隔时间短，或动作和动作产生的结果间隔时间短。句式：

"一……就……" indicates the time span between the two actions or the result of the time span between the two actions. Sentence structure:

主　　　+ 一 + 动1 + 就 + 动2/形
Subject + 一 + V.1 + 就 + V.2/Adj.

（1）大卫一起床就去锻炼。
（2）到那儿一问就知道了。
（3）菜里一放醋就好吃了。

2. 跟……（不）一样 The phrase of "跟……（不）一样"

用于比较两种事物的相同点或差异。例如：

"跟……（不）一样" is used to show the similarity and the diversity between the two objects. For example:

（1）我的房间跟他的一样。
（2）我的爱好跟山本不一样。

（二）词语用法 Usage of words and phrases

1. 疑问代词"怎么"
The usage of the interrogative pronoun "怎么"

"怎么"，用在动词前边，对行为的方式、方法提问。例如：

"怎么" is used before a verb to mean how, or in what way. For example:

（1）先生，请问中国银行怎么走？

（2）你知道这个菜怎么做吗？

2. 介词"往" The usage of the preposition "往"

表示动作的方向。后边可以接方位名词：前、后、左、右、东、南、西、北，等等。例如：

Preposition "往" indicates the direction the action moves to and is often followed by a noun of location such as 前, 后, 左, 右, 东, 南, 西, 北，For example:

（1）从这儿往前走。

（2）到了路口往左走。

（3）你往上看，那是什么？

3. 离 The usage of "离"

"离"可以表示距离，后边常用形容词"远"或"近"。例如：

"离" is usually used to indicate the distance and is often followed by an adjective "远" or "近". For example:

A + 离 + B + 远 / 近

（1）书店离这儿远吗？

（2）食堂离图书馆很近。

（3）我家离公园不太远。

4. 那么 The phrase of "那么"

指示程度或方式。和"这么"的作用相同。例如：

The function of "那么" is the same as "这么" emphasizing the degree or manner. For example:

（1）你今天那么早就来了？（程度）

（2）去银行那么走也行。（方式）

▲ 比较"这么"和"那么" Compare "这么" and "那么"

"这么"指示的时间和地点离说话人较近,"那么"较远。例如:

"这么" denotes the time or the place near the speaker, and "那么" is relatively far from the speaker. For example:

(1)滨海路的风景这么漂亮。

(2)你还那么忙吗?

(3)你那么写不对,这么写就对了。

五 操练与交际 Practice and communication

(一)读下列音节,注意辨别声韵调
Read the following syllables and pay attention to distinguish the initials, the finals and the tones

fēnzhōng—fēnzhēn   huàn—fàn   yínháng—yǐnháng
zhíyuán—zhìyuàn   zhènghǎo—zhēn hǎo yèwù—yìwù
qǔ—qù   zěnme—zhème   yíyàng—yìyàng
gēn—gēng   wǎng—wǎn   cóng—chóng

(二)熟读下列短语 Read up the following phrases

怎么走	怎么用	怎么换	怎么办	怎么复习
往前走	往左看	往右跑	往南走	往外看
可远了	非常远	特别远	真远	不远
换美元	换外汇	换人民币	换钱	换老师
用手	用英语	用铅笔	用词典	用美元

(三) **用本课的生词填空**

Fill in the blanks with the new words in this lesson

1. 老师，请问这个生词_____读？
2. 现在人民币对美元的_____是多少？
3. 我家_____学校不太远。
4. 昨天我去商店买的东西_____是五百八十元。
5. 我不会说汉语，你能_____我吗？
6. 滨海路的风景_____美，大家还想有空儿再来。
7. 银行的_____很多。
8. 她的词典跟我的_____。
9. 孙明的哥哥是一家银行的_____。
10. 从这儿_____前走，路的北边就是超市。

(四) **词语搭配** Collocations of words and phrases

换____   ____近   取____   ____职员

____号码   一共____   数____   正好____

(五) **将词语放在合适的位置上**

Put the words listed below into the appropriate place

1. 我 A 每天 B 家 C 去学校，要走 D 十五分钟。　　　　（从）
2. A 这儿到 B 中国银行，不能坐 C 公共汽车，只能坐 D 出租车。（从）
3. A 商店 B 超市 C 可 D 近了。　　　　　　　　　　　（离）
4. A 饭店 B 不远的地方 C 有一家 D 照相馆。　　　　　（离）
5. A 下课的时候，我 B 问老师 C 学汉语 D 比较好。　　（怎么）
6. A 银行的 B 兑换单 C 不能 D 铅笔写。　　　　　　　（用）

7. 我 A 想 B 美元 C 换 D 人民币。 （用）

8. A 我们班 B 有 25 个学生，C 有 D25 张桌子。 （正好）

（六）句型替换　Sentence patterns substitution

1

超市	右	北边
饭店	左	南边
书店	西	右边

A：先生，请问<u>中国银行</u>怎么走？
B：从这儿往前走，<u>左边</u>就有一家<u>中国银行</u>。

2

A：<u>银行</u>离这儿远吗？
B：很近。

你家	学校
图书馆	宿舍
公园	体育馆
办公室	教室

3

| 英镑 | 13.86 |
| 欧元 | 10.80 |

A：请问，今天<u>美元</u>对人民币的兑换率是多少？
B：1 比 <u>6.80</u>。

4

2650 块
3080 块
9500 块零五毛
4090 块

A：一共是 <u>3400</u> 块。
B：正好，谢谢。

(七) 用"一……就……"改写句子

Rewrite the following sentences by using the structure of "一……就……"

1. 他说完我明白了。

2. 金美英不会喝酒，喝了一点儿，脸红了。

3. 老师进教室以后，大家不说话了。

4. 这个问题很容易，老师讲完以后，同学们很快明白了。

5. 这个生词发音很难，我常常读错。

(八) 用"跟……（不）一样"改写句子

Rewrite the following sentences by using the structure of "跟……（不）一样"

1. 爱米 22 岁，玛利亚也是 22 岁。

2. 10 课 40 个生词，11 课也有 40 个生词。

3. 我有一个弟弟，他也有一个弟弟。

4. 我的衣服是蓝的，他的衣服是绿的。

5. 玛利亚喜欢画画儿，大卫喜欢体育运动。

（九）对下面几种情况用"怎么"提问

Ask questions with "怎么" according to the situations listed below

1. 你不会读这个生词。

2. 你不认识去书店的路。

3. 你不知道汉语的学习方法。

4. 你不知道银行取号的方法。

5. 你不会唱这支歌。

6. 你不会打网球。

7. 你不会骑车。

（十）完成对话　Complete the following conversations

1. 在路上，爱米问一位小姐中国银行怎么走。

　　爱　米：_____，请问，中国银行_____？
　　小　姐：从_____
　　爱　米：_____？

小　　姐：_____，走10分钟就到了。

爱　　米：谢谢。

小　　姐：_____

2．爱米在银行换钱。

职　　员：小姐，办业务请在这儿取号。

爱　　米：_____？

职　　员：_____，你办什么业务？

爱　　米：_____

职　　员：你看，找到外汇业务，用手一点就行了。

爱　　米：你这么一说_____。

职　　员：这是你的号码，请坐那儿等吧。

　　　　　……

爱　　米：小姐，我想换点儿人民币。

营业员：你带护照了吗？

爱　　米：_____，今天美元对人民币的兑换率是多少？

营业员：_____

爱　　米：我换400美元。

营业员：一共_____，你数数。

爱　　米：_____

第3课　去换钱

Lesson 3 To exchange currency

(十一) 读后判断对错

Read the following passage first and fill in the brackets with "√" or "×"

　　今天周六，大卫、玛丽亚、高桥和金美英一起去银行换钱。银行离宿舍不太远，他们走20分钟就到了。银行的职员很热情，帮他们取号。今天美元对人民币的兑换率是1比6.80，欧元对人民币是1比10.80，日元

45

对人民币是1比0.07，大卫换了200欧元，金美英换了350美元，玛丽亚换的跟大卫一样，高桥换了500美元，他们觉得在中国换钱很方便，不会说汉语也没关系。

1. 周六他们一起去银行换钱了。　　　　　　　　　　（　　）
2. 银行离宿舍比较远，坐车20分钟。　　　　　　　　（　　）
3. 银行的职员很热情，帮他们取号。　　　　　　　　（　　）
4. 今天100美元能换680元人民币。　　　　　　　　　（　　）
5. 今天100日元能换7元人民币。　　　　　　　　　　（　　）
6. 高桥用500日元换的人民币。　　　　　　　　　　（　　）
7. 大卫和玛丽亚带的是欧元。　　　　　　　　　　　（　　）
8. 金美英换了2160元人民币。　　　　　　　　　　　（　　）
9. 玛丽亚换了2160元人民币。　　　　　　　　　　　（　　）
10. 高桥换了3400元人民币。　　　　　　　　　　　（　　）

（十二）交际　　Role play

1. 山本要去外文书店，不知道路，问一个路人。
   山本 does not know how to get to the foreign languages bookstore, so he ask a passerby how to get to the store.

2. 大卫有800美元，想去银行换人民币。
   大卫 want to go to the bank to exchange $ 800 for Renminbi.

过周末
On weekends

第 4 课
Lesson 4

课文 Text

（一）在办公室　In the teacher's office

张　云：小丁，又到周末了，你打算做什么呢？

丁　文：不用我打算，夫人早就计划好了。

张　云：是吗？你说说。

丁　文：带孩子去动物园，陪她逛街。你呢？

张　云：我收拾收拾屋子，洗洗衣服，看看书，也很忙。

（二）在高桥的宿舍　In Gaoqiao's room

高　桥：玛丽亚，快进来，尝尝我们日本的点心。

玛丽亚：你妈妈又寄点心来了？

高　桥：不是，山本送来的。要是喜欢，就多吃一点儿。

玛丽亚：就你一个人？美英呢？

高　桥：她回家去了。

玛丽亚：平时上课又忙又累，周末你常常做什么？

高　桥：聊聊天，听听音乐，看看电视什么的。

玛丽亚：都在宿舍，多没意思！

高　桥：你周末都是怎样安排的呢？

玛丽亚：有时候去电影院看电影，有时候去公园散步，外边空气好。

高　桥：我们一起去公园划船，怎么样？

玛丽亚：太好了，一定很有意思，最好现在就去。

(一) Zài bàngōngshì

Zhāng Yún: Xiǎo Dīng, yòu dào zhōumò le, nǐ dǎsuan zuò shénme ne?

Dīng Wén: Bú yòng wǒ dǎsuan, fūrén zǎojiù jìhuà hǎo le.

Zhāng Yún: Shì ma? Nǐ shuōshuo.

Dīng Wén: Dài háizi qù dòngwùyuán, péi tā guàng jiē. Nǐ ne?

Zhāng Yún: Wǒ shōushi shōushi wūzi, xǐxi yīfu, kànkan shū, yě hěn máng.

(二) Zài Gāoqiáo de sùshè

Gāoqiáo: Mǎlìyà, kuài jìnlai, chángchang wǒmen Rìběn de diǎnxin.

Mǎlìyà: Nǐ māma yòu jì diǎnxin lai le?

Gāoqiáo: Bú shì, Shānběn sònglai de. Yàoshi xǐhuan, jiù duō chī yìdiǎnr.

Mǎlìyà: Jiù nǐ yí gè rén? Měiyīng ne?

Gāoqiáo: Tā huí jiā qu le.

Mǎ lì yà: Píngshí shàng kè yòu máng yòu lèi, zhōumò nǐ chángcháng zuò shénme?

Gāoqiáo: Liáoliao tiān, tīngting yīnyuè, kànkan diànshì shénmede.

Mǎlìyà: Dōu zài sùshè, duō méi yìsi!

Gāo qiáo: Nǐ zhōumò dōu shì zěnyàng ānpái de ne?

Mǎlìyà: Yǒu shíhòu qù diànyǐngyuàn kàn diànyǐng, yǒu shíhòu qù gōngyuán sàn bù, wàibian kōngqì hǎo.

Gāoqiáo: Wǒmen yìqǐ qù gōngyuán huá chuán, zěnmeyàng?

Mǎlìyà: Tài hǎo le, yídìng hěn yǒu yìsi, zuì hǎo xiànzài jiù qù.

二 常用句　Useful sentences

1. 你周末打算做什么？
2. 平时上课又忙又累。
3. 周末你常常做什么？
4. 我周末聊聊天，听听音乐，看看电视什么的。
5. 我有时候去电影院看电影，有时候去公园散步。

三 生词　New words

1. 打算	dǎsuan	（名、动）	plan; intend
2. 夫人	fūrén	（名）	wife
3. 计划	jìhuà	（名、动）	plan; project
4. 孩子	háizi	（名）	child; children
5. 动物园	dòngwùyuán	（名）	zoo

	动物	dòngwù	（名）	animal
6.	陪	péi	（动）	keep sb. company; accompany
7.	逛	guàng	（动）	go out for window-shopping; stroll
8.	街	jiē	（名）	street, avenue
9.	收拾	shōushi	（动）	put in order; clear away
10.	屋子	wūzi	（名）	room
11.	洗	xǐ	（动）	wash
12.	进来	jìnlái		come in
13.	尝	cháng	（动）	taste
14.	点心	diǎnxin	（名）	snacks; pastry; cake
15.	寄	jì	（动）	send; post
16.	送	sòng	（动）	give
17.	就	jiù	（副）	only
18.	平时	píngshí	（名）	ordinary times
19.	又……	yòu……		both…and…
	又……	yòu……		
20.	常常	chángcháng	（副）	frequently; usually
	常	cháng	（副）	often; ordinary
21.	聊天儿	liáo tiānr		chat; hobnob
	聊	liáo	（动）	chat
22.	电视	diànshì	（名）	television
23.	没意思	méi yìsi		uninteresting
24.	怎样	zěnyàng	（代）	how

第 4 课　过周末

Lesson 4　On weekends

25. 安排	ānpái	（动）	arrange; plan
26. 有时候	yǒu shíhou		sometimes
27. 电影院	diànyǐngyuàn	（名）	cinema
28. 电影	diànyǐng	（名）	film; movie
29. 散步	sàn bù		go for a walk
30. 外边	wàibian	（名）	outside
31. 空气	kōngqì	（名）	air
32. 划	huá	（动）	row
33. 船	chuán	（名）	boat
34. 怎么样	zěnmeyàng	（代）	how about
35. 有意思	yǒu yìsi		be attracted; interesting
36. 最好	zuìhǎo	（副）	had better
37. 出来	chūlái		move from inside to outside
38. 晚	wǎn	（形）	late
39. 爬	pá	（动）	crawl; climb

四 语言点 Language points

（一）基本句 Basic sentence patterns

1. 简单趋向补语（1）

Simple transitional event complement（1）

表示动作的方向。"来"表示到说话人的地方，"去"表示离开说话人的地方。格式：

"来/去" indicates the direction of a movement. "来" indicates the location the speakers go to, and "去" indicates the location the speakers leaves from. Sentence structure:

> 动词 ＋ 来/去
> Verb ＋ 来/去

（1）美英，快进来。

（2）他从教室出来了。

（2）妈妈又寄点心来了。

（3）大家给美英买来了礼物。

宾语可以在趋向补语的前边或后边，但是如果是地点宾语，只能放在"来"、"去"的前边。例如：

The object can be placed before or after the complement of transitional event but if the object is an object of a location, it can only be placed before "来/去". For example:

（4）玛利亚进房间去了。

×玛利亚进去房间了。

2. 又……又……　　The phrase of "又……又……"

用来连接两个动词、动词短语或两个形容词，表示两种行为或状态同时存在。例如：

"又……又……" is used to link two verbs, verb phrases or adjectives to indicate that two actions or two kinds of state exist simultaneously. For example:

（1）平常上课又忙又累。

（2）服务员又热情又周到。

（3）生日晚会上，同学们又唱又跳，非常热闹。

3. 有时候……有时候……

The phrase of "有时候……有时候……"

"有时候"后边接动词或形容词，表示变化、不一定。例如：

The phrase of "有时候……有时候……" is usually followed by a verb or an adjective to indicate the changes or uncertainty. For example:

(1) 玛丽亚有时候去外边画画儿，有时候去公园散步。

(2) 我有时候去食堂吃，有时候去饭店吃。

(3) 公园里划船的人有时候多有时候少。

（二）词语用法　Usage of words and phrases

1. 常（常）　The usage of "常（常）"

表示动作多次反复或情况长期存在。例如：

"常（常）" usually indicates the actions happen again and again, or the state exists for a long time. For example:

(1) 我和大卫常（常）跑步。

(2) 学习汉语当然要常（常）练习听和说。

(3) 周末你常（常）做什么？

2. 比较"又"、"再"、"还"

Compare "又", "再" and "还"

"又"用于已然情况，"再"用于未然情况。例如：

"又" is usually used in a sentence in which the action has already beome a fact, while "再" is used to the other way round. For example:

(1) 我又吃了一碗米饭。（已然）

　　×我再吃了一碗米饭。

(2) 我想再吃一碗米饭。（未然）

　　×我想又吃一碗米饭。

"还"除了前边说的"增加补充"的意思以外，还表示"仍然"的意思。例如：

Besides the meaning of complement mentioned above, "还" also indicates the meaning of "仍然". For example:

（1）作业还没写完。

（2）她还很忙。

3. 动词的重叠　　The reduplication of verbs

动词连用两次，表示语义减轻，有短时、尝试、客气、列举等意思。重叠有两种方式：

Verbs used twice in succession are the reduplication of verbs. Reduplication lightens the meaning of an action, and denotes brief, attempt, polite or enumeration of an action. Reduplication can be classified into two kinds:

单音节——AA 式： Single syllable——AA structure

说说　看看　找找　听听　问问

双音节——ABAB 式：Double syllables——ABAB structure

准备——准备准备　　运动——运动运动

（1）你尝尝，味道怎么样？　（尝试）

（2）你读读课文。（客气）

（3）晚饭后，我要运动运动。（短时）

（4）我周末常常收拾收拾房间，洗洗衣服，看看书。（列举）

五　操练与交际　Practice and communication

（一）读下列音节，注意辨别声韵调

Read the following syllables and pay attention to distinguish the initials, the finals and the tones

jiē—xiē　　　guàng—kuàng　　　diànshì—diànchí

sàn bù—shànbù   zǎo—jiǎo   píngshí—píngzhí

cháng—chán   sòng—zòng   dòngwù—dānwù

zuìhǎo—zuìhòu   xì—jì   dǎsuan—dàsuàn

(二) 熟读下列短语　Read up the following phrases

逛街	逛公园	逛商店	逛超市	逛书店
收拾屋子	收拾书	收拾桌子	收拾教室	收拾东西
送礼物	送铅笔	送衣服	送钱	送孩子
常去	常说	常听	常吃	常锻炼
怎样写	怎样读	怎样做	怎样想	怎样画

(三) 用本课的生词填空

Fill in the blanks with the new words in this lesson

1. 这个周末我_____带孩子去动物园。
2. 大卫_____去游泳馆游泳。
3. 她_____很忙，只有星期天有时间。
4. 爸爸从美国给爱米_____来一件礼物。
5. 他常常_____屋子，房间非常干净。
6. 丁老师每天都早来_____走，工作很忙。
7. 我很喜欢_____山。
8. 这件衣服没_____干净。
9. 这个电影很_____。
10. 我常常和同学一起_____。

(四) 词语搭配　Collocations of words and phrases

收拾_____　　常常_____　　送_____　　逛_____

寄_____   打算_____   平时_____   洗_____

爬_____   计划_____

(五) 将词语放在合适的位置上

Put the words or phrases in the appropriate place

1. 海边 A 比较远，B 我们 C 早点儿 D 走。　　　　　　（最好）

2. A 山本 B 一个人 C 喜欢喝酒，大家 D 都不爱喝。　　（就）

3. A 我 B 带了 C10 块钱，这本书 D 要 30 多块呢。　　（就）

4. 我 A 过生日的时候，B 大卫 C 我 D 一件礼物。　　　（送）

5. 王老师 A 一进 B 教室 C 就开始上课 D。　　　　　　（来）

(六) 句型替换　Sentence patterns substitution

1

逛逛街
带孩子去动物园
和夫人一起去看电影
去爬山

A：又到周末了，你打算做什么呢？
B：我打算去<u>公园</u>。

2

A：周末你常常做什么？
B：<u>聊聊天，听听音乐，看看电视</u>什么的。

看看书　　跑跑步
写写作业　散散步
逛逛公园　看看电影
画画画儿　游游泳

3

去朋友家　去图书馆
踢足球　　打网球
看电视　　学习汉语
收拾屋子　洗衣服

A：你周末都是怎样安排的呢？
B：有时候去电影院看电影，
　　有时候去公园散步。

4

海边　　游泳
体育馆　锻炼
电影院　看电影
北京　　旅游

A：我们一起去公园划船，
　　怎么样？
B：太好了。

（七）根据下列句子用"怎么样"提问题

Ask questions based on the following sentences by using "怎么样"

1. 大卫的身体很好。

2. 点心的味道非常好。

3. 这个电影可有意思了。

4. 好的，坐公共汽车去。

5. 学校的图书馆书很多。

(八) 用括号中的词语回答问题

Answer the following questions by usig the words or phrases in the brackets

1. 你为什么常常去食堂吃饭？
　　_____（又……又……）

2. 你周末的时候常常做什么？
　　_____（有时候……有时候……）

3. 明天你有什么计划？
　　_____（打算）

4. 你在学校常常做什么？
　　_____（动词重叠）

5. 我们什么时候去？
　　_____（最好）

6. 你的爱好是什么？
　　_____（什么的）

(九) 完成对话　　Complete the following conversations

1. 下课的时候，玛丽亚和张老师谈话。

　　玛丽亚：_____，又到周末了，_____？

　　张　云：逛逛商店，再带孩子逛逛动物园。你呢？

　　玛丽亚：_____。

2. 玛丽亚在金美英的宿舍。

　　金美英：玛丽亚，快进来，你找我有事儿吗？

　　玛丽亚：找你聊聊天。

　　金美英：_____？

　　玛丽亚：我常常看电视，听音乐。你呢？

金美英：我有时候_____，有时候_____

玛丽亚：我常在宿舍很没意思，_____？

金美英：太好了，什么时候去？

玛丽亚：_____

 （十）交际　Role play

看图说说他们是怎么过周末的。

Say something how they are spending their weekends.

打电话找人
Looking for somebody by making a phone call

第 5 课 Lesson 5

 课文 Text

（一）张老师给田中打电话
Professor Zhang makes a phone call to Tanaka

张　云：喂，是北海酒店吗？

服务员：对，北海大酒店。

张　云：我要找1306房间的田中正龙。

服务员：请稍等。（嘟……嘟……）

田　中：喂，我是田中，您哪位？

张　云：我是张老师。

田　中：啊，张老师，我病了，身体不舒服。

张　云：什么病？去医院了吗？

田　中：去了。医生说是感冒，吃点儿药就会好的。

张　云：要好好儿休息，早点儿恢复健康。对了，我们今天讲到十一课了，有问题可以问我。

田　中：多谢老师的关心。我明天一定去上课。

（二）山本给孙明打电话
Yamamoto makes a phone call to Sun Ming

山　本：喂，请问孙明在吗？

同　学：他去市场买东西了。我是他同学，你哪位？

山　本：我是山本。他什么时候能回来？

同　学：一个小时左右吧。

山　本：他回来后，麻烦您让他给我回个电话，可以吗？

同　学：好。你的电话号码是多少？

山　本：82351470，谢谢，再见。

同　学：再见。

……

孙　明：我回来了。

同　学：山本刚才来电话找你。这是他的电话号码。

（一）Zhāng lǎoshī gěi Tiánzhōng dǎ diànhuà

Zhāng Yún： Wèi, shì Běihǎi Jiǔdiàn ma?

fúwùyuán： Duì, Běihǎi Dàjiǔdiàn.

Zhāng Yún： Wǒ yào zhǎo yāo sān líng liù fángjiān de Tiánzhōng Zhènglóng.

fúwùyuán： Qǐng shāo děng.（dū……dū……）

Tiánzhōng： Wèi, wǒ shì Tiánzhōng, nín nǎ wèi?

Zhāng Yún： Wǒ shì Zhāng lǎoshī.

Tiánzhōng： À, Zhāng lǎoshī, wǒ bìng le, shēntǐ bù shūfu.

Zhāng Yún： Shénme bìng? Qù yīyuàn le ma?

Tiánzhōng： Qù le. Yīshēng shuō shì gǎnmào, chīdiǎnr yào jiù huì hǎo de.

Zhāng Yún: Yào hǎohāor xiūxi, zǎodiǎnr huīfù jiànkāng. Duì le, wǒmen jīntiān jiǎngdào shíyī kè le, yǒu wèntí kěyǐ wèn wǒ.

Tiánzhōng: Duō xiè lǎoshī de guānxīn. Wǒ míngtiān yídìng qù shàng kè.

(二) Shānběn gěi Sūn Míng dǎ diànhuà

Shānběn: Wèi, qǐngwèn Sūn Míng zài ma?

Tóngxué: Tā qù shìchǎng mǎi dōngxi le. Wǒ shì tā tóngxué, nǐ nǎ wèi?

Shānběn: Wǒ shì Shānběn. Tā shénme shíhou néng huílai?

Tóngxué: Yí ge xiǎoshí zuǒyòu ba.

Shānběn: Tā huílai hòu, máfan nín ràng tā gěi wǒ huí ge diànhuà, kěyǐ ma?

Tóngxué: Hǎo. Nǐ de diànhuà hàomǎ shì duōshao?

Shānběn: Bā èr sān wǔ yāo sì qī líng, xièxie, zàijiàn.

Tóngxué: Zàijiàn.

　　……

Sūn Míng: wǒ huílai le.

Tóngxué: Shānběn gāngcái lái diànhuà zhǎo nǐ. Zhè shì tā de diànhuà hàomǎ.

二 常用句　Useful sentences

1. 喂，是北海酒店吗？
2. 我要找1306房间的田中正龙。
3. 我是田中，您哪位？
4. 他一个小时左右就回来。
5. 麻烦您让他给我回个电话。
6. 你的电话是多少？

三 生　词　New words

1. 电话	diànhuà	（名）		telephone
2. 喂	wèi	（叹）		hello
3. 酒店	jiǔdiàn	（名）		hotel
4. 要	yào	（助动）		want to do; will
5. 啊	à	（叹）		expressing surprise or admiration
6. 病	bìng	（名、动）		illness; be ill
7. 舒服	shūfu	（形）		comfortable
8. 医院	yīyuàn	（名）		hospital
9. 医生	yīshēng	（名）		doctor
10. 感冒	gǎnmào	（动、名）		catch a cold; cold
11. 药	yào	（名）		medicine
12. 休息	xiūxi	（动）		have a rest

第5课　打电话找人

Lesson 5　Looking for somebody by making a phone call

65

13. 恢复	huīfù	（动）	recover
14. 健康	jiànkāng	（形）	(of the human body) good health
15. 讲	jiǎng	（动）	speak
16. 可以	kěyǐ	（助动）	can; may
17. 关心	guānxīn	（动）	caring; concerned
18. 市场	shìchǎng	（名）	market
19. 小时	xiǎoshí	（名）	hour
20. 左右	zuǒyòu	（名）	(used after a numeral to indicate an approximate number)
21. 后	hòu	（名）	after
22. 麻烦	máfan	（动、形、名）	trouble sb.; troublesome; trouble
23. 让	ràng	（介）	let
24. 给	gěi	（介）	to; for
25. 刚才	gāngcái	（名）	a moment ago
26. 看病	kàn bìng		see a doctor
27. 头	tóu	（名）	head
28. 疼	téng	（动）	ache
29. 错	cuò	（形、名）	wrong

专　名　Proper nouns

北海大酒店	Běihǎi Dàjiǔdiàn	Beihai Hotel

四 语言点 Language points

词语用法 Usage of words and experssions

1. 助动词"要"   The usage of auxiliary verb "要"

"要"放在动词前，是助动词。有两种用法。

When used as an auxiliary verb, "要" is used before a verb. There are two kinds of usages of "要".

一是表示意愿。例如：

One denotes willingness. For example:

（1）我要找1306房间的田中正龙。

（2）你要买什么？

二是表示某种行为、情况不久就会发生。后面有"了"配合。例如：

The other denotes an action or an event will soon happen, and "了" is collocated with. For example:

（3）要上课了。

（4）要吃饭了。

2. 助动词"可以"   The usage of auxiliary verb "可以"

表示许可，能单独回答问题。例如：

When "可以" is used in the meaning of permission, it can be used alone when the question is answered. For example:

（1）麻烦您让她给我回个电话，可以吗？

（2）A：我可以进来吗？

     B：可以。

3. 左右　The usage of "左右"

方位名词"左右"可以表示概数，用于数量词的后边，表示或多或少，不确定。例如：

Noun of locality "左右" denotes the meaning of uncertainty, approximate number and is usually after a numeral measure word. For example:

一个星期左右　二十岁左右　两斤左右

4. 号码的读法　The way of reading numbers

房间号码、电话号码，读的时候要一个数字一个数字依次读出。例如：

When reading a room number or a telephone number, the number should be read one by one. For example:

房间号：1306　　　　读作　yāo sān líng liù　（"1"读作 yāo）

电话号：48601588　　读作　sì bā liù líng yāo wǔ bā bā

　　　　　　　　　　　　　（"1"读作 yāo）

五　操练与交际　Practice and communication

(一) 读下列音节，注意辨别声韵调

Read the following syllables and pay attention to distinguish the initials, the finals and the tones

jiǔdiàn—jiǔ diǎn	yīshēng—yìshēng	xiǎoshí—xiāocí
jiànkāng—jiànggāng	guānxīn—gānxīn	shūfu—shīfu
gāngcái—guāncai	shìchǎng—shícháng	ràng—làng
huīfù—huífù	téng—tóng	xiūxi—xiēxi

(二) 熟读下列短语　Read up the following phrases

要找	要看	要买	要去	要陪
关心老师	关心学生	关心弟弟	关心妈妈	关心大家
五分钟左右	一个小时左右	两天左右	七点左右	
让他写	让爱米寄	让老师讲	让她陪	让朋友帮
给我买	给山本带	给高桥听	给老师尝	给她喝

(三) 用本课的生词填空
Fill in the blanks with the new words in this lesson

1. 她头有点儿_____，不能去上课了。
2. 医生问山本："你哪儿不_____？"。
3. _____你帮我照一张照片。
4. 我们的老师非常_____学生。
5. 这几天又忙又累，周末我要好好_____。
6. 他在医院住了一个多月，身体_____了健康。
7. _____的电话是丁老师打来的。
8. 吃了药以后，我的身体_____点儿了。
9. 他身体不舒服，去医院_____了。
10. 我家离_____很近，买东西很方便。

(四) 词语搭配　Collocations of words and phrases

关心____	刚才____	____市场	麻烦____
____舒服	____左右	给____	恢复____
____休息	讲____	稍____	可以____

(五) 将词语放在合适的位置上

Put the words or phrases in the appropriate place

1. 这个月 A 妈妈没 B 我 C 寄钱来 D。　　　　　　　　（给）
2. A 老师 B 我们 C 多听多说 D 多读多写。　　　　　　（让）
3. A 你帮 B 我 C 买一瓶矿泉水 D 吗？　　　　　　　　（可以）
4. A 教室很大 B，可以坐 200 C 人 D。　　　　　　　（左右）
5. 周末 A 我 B 带孩子 C 去图书馆 D 看书。　　　　　　（要）
6. A 我已经 B 吃饱了，C 不能 D 吃了。　　　　　　　（再）
7. 我 A 今天 B 有事儿不 C 去学校 D 上课了。　　　　　（能）
8. A 我 B 有 C 一个爱好，就 D 是听音乐。　　　　　　（只）
9. 下课以后，我就 A 回 B 宿舍 C 了 D。　　　　　　　（去）
10. 我作业 A 都写完了，B 生词 C 没复习 D 呢。　　　　（还）

(六) 句型替换　　Sentence patterns substitution

1

留学生宿舍
日语系办公室
图书馆
花园餐厅

A：喂，是<u>北海酒店</u>吗？
B：对。
　（不对，你打错了。）

2

208　　王老师
142　　张老板
1002　　爱米
815　　山本信一

A：我要找 <u>1306</u> 房间的
　　<u>田中正龙</u>。
B：请稍等。

3

爱米	她跟玛丽亚一起去图书馆
大卫	他跟孙明一起去游泳
丁老师	他带孩子去动物园
山本	他陪田中去医院看病

A：喂，请问孙明在吗？
B：不在，<u>他去市场买东西</u>了。

4

你哥哥	一年
你姐姐	一个星期
玛丽亚	五点
山本	十分钟

A：<u>他什么时候能回来</u>？
B：<u>一个小时</u>左右吧。

5

丁老师	48205806
北海大酒店	35557788
你房间	61802743
高桥	82866321

A：<u>你的电话号码是多少</u>？
B：<u>82351470</u>。

（七）用"左右"回答下列问题

Answer the following questions by useing "左右"

1. 你什么时候回来？

2. 你什么时候写完作业？

3. 金美英买了多少苹果？

第5课 打电话找人
Lesson 5 Looking for somebody by making a phone call

4. 那件衣服多少钱?
_____

5. 他们班有多少人?
_____

(八) 用括号中的词语回答问题

Answer the following questions by using the words or phrases in the brackets

1. 你要找谁?
_____(要)

2. 你的宿舍可以做饭吗?
_____(可以)

3. 你去哪儿了?
_____(刚才)

4. 你有什么事吗?
_____(麻烦)

5. 你哪儿不舒服?
_____(舒服)

6. 你觉得这个菜辣不辣?
_____(有点儿)

7. 明天我过生日你能来我家吗?
_____(一定)

8. 今天美元对人民币的兑换率是多少?
_____(比)

9. 这儿的风景怎么样?
_____(太……了)

10. 那家饭店的菜怎么样？

_____ (可……了)

(九) 用下列词语组成句子
Make sentences by using the following words and phrases

1. 你　麻烦　山本　回　电话　一个　让　给　我

2. 我们　让　交　明天　作业　老师

3. 可以　你　我　图书馆　陪　吗　去

4. 好好　你　休息　要

5. 头　我　疼　有点儿

6. 没　还　房间　收拾　呢　完　我

7. 不　爱好　我的　跟　一样　他

8. 他　看　明白　一……就　了

(十) 完成对话　Complete the following conversations

1. 山本往孙明的宿舍打电话。

    山　本：喂，是留学生宿舍吗？

    门　卫：是，你找谁？

山　本：＿＿＿＿＿＿＿＿＿＿＿

门　卫：请稍等。

孙　明：喂，＿＿＿＿＿＿＿，你哪位？

山　本：＿＿＿＿＿＿＿＿＿。明天我要去商店买东西，你可以陪我一起去吗？

孙　明：＿＿＿＿＿＿＿＿＿＿＿

山　本：谢谢你。明天上午九点我去找你。

孙　明：＿＿＿＿＿＿＿＿＿＿＿

2．玛丽亚给大卫打电话。

玛丽亚：喂，请问＿＿＿＿＿＿＿？

　　A：对不起，你打错了。

玛丽亚：您的电话不是82864714吗？

　　A：不是。我是82864174。

玛丽亚：＿＿＿＿＿＿＿

（玛丽亚再打电话）

玛丽亚：＿＿＿＿＿＿＿？

同　学：他不在，＿＿＿＿＿＿＿

玛丽亚：他回来后，＿＿＿＿＿＿＿？

同　学：好。你的电话号码是多少？

玛丽亚：＿＿＿＿＿＿＿，谢谢，再见。

同　学：＿＿＿＿＿＿＿

（十一）交际　Role play

给你的同学打电话，约他一起去踢球。

Make an appointment with your classmate to play football by giving him a telephone call.

我要订个房间
I want to book a room

第 6 课
Lesson 6

一 课文 Text

（一）在北海大酒店 At Beihai Hotel

爱　米：小姐，我想订一个房间。

服务员：单人间还是双人间？

爱　米：双人间一天多少钱哪？

服务员：普通标准间400元一天，含早饭。您什么时候住哇？

爱　米：后天。我想要一个安静的、阳光充足的房间。

服务员：请稍等。后天中午406房间退房，那个房间不错。

爱　米：房间的条件怎么样啊？

服务员：您放心，我们宾馆条件好，服务周到。

……

田　中：爱米，你要搬家吗？

爱　米：我妈妈和妹妹要来中国，我给她们订的。

田　中：你先到我的房间看看再订吧。

（二）在田中的房间　In Tianzhong's room

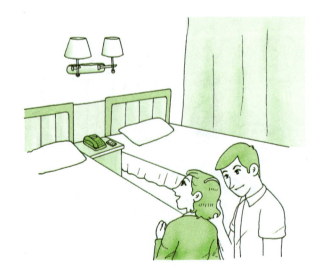

爱　米：条件不错，可是一天400块，太贵啦！

田　中：我这个房间一天300块。

爱　米：这么便宜？快说说怎么订的呀？

田　中：你看这是旅行卡，用卡订就便宜多了。

爱　米：那你帮助我订吧。

（订完房间，田中放下电话）

田　中：320块一天，已经是最低了。

爱　米：太好啦，下次订房间我还找你。

（一）Zài Běihǎi Dàjiǔdiàn

Àimǐ: Xiǎojie, wǒ xiǎng dìng yí ge fángjiān.

Fúwùyuán: Dānrénjiān háishì shuāngrénjiān?

Àimǐ: Shuāngrénjiān yì tiān duōshao qián na?

Fúwùyuán: Pǔtōng biāozhǔnjiān sìbǎi yuán yì tiān, hán zǎofàn. Nín shénme shíhou zhù wa?

Àimǐ: Hòutiān. Wǒ xiǎng yào yí ge ānjìng de、yángguāng chōngzú de fángjiān.

Fúwùyuán: Qǐng shāo děng. Hòutiān zhōngwǔ sì líng liù fángjiān tuì fáng, nà ge fángjiān búcuò.

Àimǐ: Fángjiān de tiáojiàn zěnmeyàng a?

Fúwùyuán: Nín fàngxīn, wǒmen bīnguǎn tiáojiàn hǎo, fúwù zhōudào.

……

Tiánzhōng: Àimǐ, nǐ yào bān jiā ma?

Àimǐ: Wǒ māma hé mèimei yào lái Zhōngguó, wǒ gěi tāmen dìng de.

Tiánzhōng: Nǐ xiān dào wǒ de fángjiān kànkan zài dìng ba.

第6课　我要订个房间

Lesson 6　I want to book a room

77

（二）Zài Tiánzhōng de fángjiān

Àimǐ: Tiáojiàn búcuò, kěshì yì tiān sìbǎi kuài, tài guì la!

Tiánzhōng: Wǒ zhè ge fángjiān yì tiān sānbǎi kuài.

Àimǐ: Zhème piányi? Kuài shuōshuo zěnme dìng de ya?

Tiánzhōng: Nǐ kàn zhè shì lǚxíngkǎ, yòng kǎ dìng jiù piányi duō le.

Àimǐ: Nà nǐ bāngzhù wǒ dìng ba.

(Dìngwán fángjiān, Tiánzhōng fàngxia diànhuà)

Tiánzhōng: Sānbǎi èrshí kuài yì tiān, yǐjīng shì zuì dī le.

Àimǐ: Tài hǎo la, xià cì dìng fángjiān wǒ hái zhǎo nǐ.

常用句　Useful sentences

1. 小姐，我想订一个房间。
2. 单人间还是双人间？
3. 双人间一天多少钱？
4. 我想要一个安静的房间。
5. 房间的条件怎么样？

二 生词 New words

1. 订	dìng	（动）	book; order	
2. 单人间	dānrénjiān	（名）	single-bedded room	
3. 双人间	shuāngrénjiān	（名）	double-bedded room	
4. 哪	na	（助）	a variant of "啊 (a)" after a word ending in "n"	
5. 普通	pǔtōng	（形）	common; general	
6. 标准间	biāozhǔnjiān	（名）	standard room	
7. 含	hán	（动）	contain	
8. 早饭	zǎofàn	（名）	breakfast	
9. 住	zhù	（动）	reside; stay	
10. 哇	wa	（助）	a variant of "啊(a)" after a word ending in "u", "ao" or "ou"	
11. 安静	ānjìng	（形）	quiet	
12. 阳光	yángguāng	（名）	sunshine	
13. 充足	chōngzú	（形）	adequate; sufficient	
14. 退	tuì	（动）	retreat; draw back	
15. 条件	tiáojiàn	（名）	condition	
16. 啊	a	（助）	used at the end of a sentence to express enthusiasm	
17. 放心	fàng xīn		set one's mind at rest; at ease	
18. 宾馆	bīnguǎn	（名）	hotel	

第 6 课　我要订个房间

Lesson 6　I want to book a room

19. 服务	fúwù	(动)	serve
20. 周到	zhōudào	(形)	considerate
21. 搬	bān	(动)	remove
22. 妹妹	mèimei	(名)	younger sister
23. 先	xiān	(副)	first
24. 啦	la	(助)	indicating excitement or doubt, fusion of the sounds "le" and "a"
25. 便宜	piányi	(形)	inexpensive
26. 呀	ya	(助)	a variant of "啊(a)" after a word ending in "a, e, i, o" or "ü"
27. 旅行	lǚxíng	(动)	travel; journey; trip
28. 卡	kǎ	(名)	card
29. 帮助	bāngzhù	(动)	help
30. 已经	yǐjīng	(副)	already
31. 最	zuì	(副)	most
32. 低	dī	(形)	low
33. 次	cì	(量)	times
34. 多么	duōme	(副)	to what extent; how
35. 窄	zhǎi	(形)	narrow
36. 可是	kěshì	(连)	but

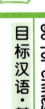

四 语言点 Language points

(一) 基本句 Basic Sentence Patterns

先……再…… The phrase of "先……再……"

表示行为的先后次序。句式：

The phrase of "先……再……" denotes the order of actions. Sentence pattern:

先 + 动词短语1 + 再 + 动词短语2
先 +   VP.1   + 再 +   VP.2

（1）你先到我的房间看看再订吧。
（2）我们下午先去看电影，再去逛街。
（3）美英先说，山本再说。

(二) 词语用法 Usage of words and phrases

语气助词"啊"的变体

The variant of the word of auxiliary mood "啊"

"啊"用在句子末尾，因与前边音节连读而有不同的变体，主要有"呀"、"哇"、"哪"三种。在元音 a、e、i、o、ü 之后读"呀"；在 u、ao 和 ou 之后读"哇"；在 n 之后读"哪"例如：

When "啊" is used at the end of a sentence, the liaison of syllable before it resulted in some variants of "啊". "呀", "哇" and "哪" are the three main variants, of which "啊" is pronounced "呀" when the syllable before it is "a, e, i, o" or "ü"; "哇" when the syllable before it is "u, ao" or "ou"; "哪" when the syllable is "n". For example:

（1）这么便宜，快说说怎么订的呀？

(2)你什么时候住哇?

(3)双人间一天多少钱哪?

五 操练与交际　Practice and communication

(一) 读下列音节,注意辨别声韵调
Read the following syllables and pay attention to distinguish initial consonants, vowels and tone

pǔtōng—Pǔdōng　　na—ne　　ānjìng—gānjìng
yángguāng—yǎnguāng　　zhù—jù　　chōngzú—chóngzhù
bīnguǎn—biānguān　　xiān—qiān　　fàngxīn—fàngxíng
zhōudào—jiāodào　　la—le　　bāngzhù—pàngzhū

(二) 熟读下列短语　Read up the following phrases

订房间	订饭店	订双人间	订标准间	订单人间
普通人	普通老师	普通宾馆	普通餐厅	普通礼物
搬家	搬东西	搬桌子	搬来	搬去
先准备	先交钱	先订	先打电话	先学习
多么便宜	多么方便	多么安静	多么漂亮	多么容易

(三) 用本课的生词填空
Fill in the blanks with the new words in this lesson

1. 饭店的服务员很热情,也很_____。

2. 我的房间很大,阳光_____。

3. 孙明常常_____留学生学习汉语。

4. 爱米不在，她去北京_____了。

5. 我的作业_____写完了。

6. 我买了一张电话_____，打电话非常便宜。

7. 你_____说吧，你说完以后，我再说。

8. 这种药每天吃三_____，饭后吃。

9. 这个房间每天520元，_____早饭。

10. 我家离学校_____近。

Collocations of words and phrases

住_____　　订_____　　_____安静　　退_____

_____放心　　已经_____　　普通_____　　便宜_____

（四）句型替换　Sentence patterns substitution

1

单人间　460元
普通间　380元
标准间　520元
三人间　620元

A：双人间一天多少钱哪？
B：580元一天。

2

学校　　　非常好
那条路　　比较窄
饭店　　　还行
宾馆　　　服务很周到

A：房间的条件怎么样啊？
B：很好。

第6课　我要订个房间　Lesson 6　I want to book a room

83

3

尝尝	买
问问老师	去
等等	搬
打个电话	来

你先到我的房间看看再订吧。

(五) 给下面的句子加上句尾语气词（啊、呀、哇、哪、啦、吧）

Put 啊, 呀, 哇, 哪, 啦 or 吧 at the end of the following sentences

1. 已经六点半了，晚饭什么时候做_____？
2. 住在学校附近真是太方便_____。
3. 我们快点儿走_____。
4. 每天上那么多课，可真累_____！
5. 这个电影多么有意思_____！
6. 这么远的路，我们怎么去_____？
7. 你为什么不早点儿告诉孙明_____？
8. 学习汉语真不容易_____！
9. 这么大的房间你一个人住_____？
10. 你们都是留学生_____？

(六) 用"先……再"改写下面的句子

Rewrite the following sentences by using "先……再"

1. 我打算收拾完房间以后，带孩子去公园。

2. 山本想复习完生词以后，给孙明打电话。

3. 我想买完书就去买衣服。

_____

4. 我们想看完电影以后逛商店。

_____

5. 爱米想订完房间以后去找玛丽亚。

_____

(七) 用括号中的词语完成句子

Complete the following sentences by using the words or phrase in the brackets

1. 我的房间阳光充足_____。（可是）
2. 你看这风景_____！（多么）
3. _____不用再告诉他了。（已经）
4. 我们几个人，大卫的个子_____。（最）
5. 太贵啦，能不能_____？（便宜）

(八) 完成对话 Complete the following conversations

1. 玛丽亚给北京饭店打电话订房间。

玛丽亚：喂，_____？

服务员：对，这里是北京饭店，请讲。

玛丽亚：_____

服务员：单人间还是双人间？

玛丽亚：_____，_____？

服务员：680元，什么时候住哇？

玛丽亚：_____，房间的条件怎么样？

服务员：_____

玛丽亚：好的，谢谢。

玛丽亚：好的，谢谢。

服务员：您贵姓？

玛丽亚：_____

2. 玛丽亚和爱米在宿舍谈话。

玛丽亚：听说你妈妈和妹妹要来中国旅行，是吗？

爱　米：_____

玛丽亚：房间订好了吗？

爱　米：_____

玛丽亚：_____？

爱　米：在北海酒店，一天320元。

玛丽亚：怎么那么便宜？

爱　米：_____

玛丽亚：_____

（九）读后回答问题

Read the following passage and then answer the questions

　　学校的东面有一家花园宾馆。宾馆有四层。有很多留学生都住在那儿。那儿离学校比较近，价格又不太贵。宾馆有单人间也有双人间，单人间一天180元，双人间一天260元。要是住的时间长，可以便宜一点儿。山本订了30天的单人间，只花了3000元。玛丽亚有个朋友要来。听说花园宾馆条件不错，服务员又热情又周到，她就去宾馆订房间。她想订一个双人间，住一个星期。正好412房间明天中午退房，这个房间在南面，阳光充足，玛丽亚就订了这个房间。服务员还给了玛丽亚一张旅行卡，下次用卡订就便宜了。

1. 花园宾馆在哪儿？

2. 为什么有很多留学生都住在这个宾馆？

3. 宾馆的单人间和双人间一天多少钱？

4. 山本住的单人间一天多少钱？为什么？

5. 宾馆的条件怎么样？

6. 玛丽亚为什么要订房间？

7. 玛丽亚订了哪个房间？为什么订这个房间？

8. 玛丽亚订的房间多少钱一天？

(十) 交际　Role play

完成任务：朋友或家人要来看你，你去宾馆订房间。

Fulfill the task: Your friend or your relative has come to visit you and you go to the hotel to book a room.

第7课 Lesson 7

谈谈学习目的
Talking about learning objectives

一 课文 Text

（一）课间　During the break

高　　桥：你们昨天都做了些什么？

金美英：我昨天玩儿了很多地方，还看了一个电影。

爱　　米：我订了个房间，还买了些水果。

高　桥：我和玛丽亚去了海边，她还给我画了一张画儿呢。

爱　米：昨天我买了四张球票。下了课，一起去体育馆看排球比赛怎么样？

金美英：什么时候去？

爱　米：吃了午饭就出发。

（二）在课堂上　In class

丁　文：我们刚讲完了课文，现在请大家用课文中的词和句子谈谈学习目的。谁先说？

金美英：我先说吧。我在大学学中文，来中国是为了更好地了解中国历史和文化。

丁　文：对，学好汉语十分重要。

爱　米：我学汉语一是为了找工作，二是为了旅游，我已经去了很多地方了。

山　本：我是经济专业的研究生，学汉语是为研究中国经济。

高　桥：我也是为了找工作，现在汉语热，大概工作机会比较多吧。

丁　文：有的为了了解中国文化，有的为了旅游，还有的是为了找工作。大家继续努力吧。

山　本：丁老师，我口语进步很慢，有什么好方法？

丁　文：要一边学，一边用，多听多说。

高　桥：丁老师，我不敢说话，怕说错。

丁　文：不要怕，习惯了就好了。

（一）Kèjiān

Gāoqiáo: Nǐmen zuótiān dōu zuò le xiē shénme?

Jīn Měiyīng: Wǒ zuótiān wánrle hěn duō dìfang, hái kànle yí ge diànyǐng.

Àimǐ: Wǒ dìng le ge fángjiān, hái mǎi le xiē shuǐguǒ.

Gāoqiáo: Wǒ hé Mǎlìyà qùle hǎibiān, tā hái gěi wǒ huàle yì zhāng huàr ne.

Àimǐ: Zuótiān wǒ mǎile sì zhāng qiúpiào. Xiàle kè, yìqǐ qù tǐyùguǎn kàn páiqiú bǐsài zěnmeyàng?

Jīn Měiyīng: Shénme shíhou qù?

Àimǐ: Chīle wǔfàn jiù chūfā.

(二) Zài kètáng shang

Dīng Wén: Wǒmen gāng jiǎngwán le kèwén, xiànzài qǐng dàjiā yòng kèwén zhōng de cí hé jùzi tántan xuéxí mùdì. Shuí xiān shuō?

Jīn Měiyīng: Wǒ xiān shuō ba. Wǒ zài dàxué xué Zhōngwén, lái Zhōngguó shì wèile gèng hǎo de liǎojiě Zhōngguó lìshǐ hé wénhuà.

Dīng Wén: Duì, xuéhǎo Hànyǔ shífēn zhòngyào.

Àimǐ: Wǒ xué Hànyǔ yī shì wèile zhǎo gōngzuò, èr shì wèile lǚyóu, wǒ yǐjīng qùle hěn duō dìfang le.

Shānběn: Wǒ shì jīngjì zhuānyè de yánjiūshēng, xué Hànyǔ shì wèi yánjiū Zhōngguó jīngjì.

Gāoqiáo: Wǒ yě shì wèile zhǎo gōngzuò, xiànzài Hànyǔ rè, dàgài gōngzuò jīhuì bǐjiào duō ba.

Dīng Wén: Yǒude wèile liǎojiě Zhōngguó wénhuà, yǒude wèile lǚyóu, hái yǒude shì wèile zhǎo gōngzuò. Dàjiā jìxù nǔlì ba.

Shānběn: Dīng lǎoshī, wǒ kǒuyǔ jìnbù hěn màn, yǒu shénme hǎo fāngfǎ?

Dīng Wén: Yào yìbiān xué, yìbiān yòng, duō tīng duō shuō.

Gāoqiáo: Dīng lǎoshī, wǒ bù gǎn shuō huà, pà shuōcuò.

Dīng Wén: Búyào pà, xíguànle jiù hǎo le.

二 常用句 Useful sentences

1. 我们吃了午饭就出发。
2. 我学汉语一是为了找工作，二是为了旅游。
3. 同学们有的为了了解中国文化，有的为了旅游，还有的是为了找工作。
4. 大家要一边学，一边用。

三 生词 New words

1. 谈	tán	（动）	talk; discuss
2. 学习	xuéxí	（动）	learn; study
3. 目的	mùdì	（名）	purpose
4. 了	le	（助）	use after a verb to indicate the completion of an action
5. 些	xiē	（量）	some
6. 玩儿	wánr	（动）	play; have fun
7. 票	piào	（名）	ticket
8. 排球	páiqiú	（名）	volleyball
9. 比赛	bǐsài	（名）	matches; contest
10. 午饭	wǔfàn	（名）	lunch
11. 出发	chūfā	（动）	start off; start from

12. 刚	gāng	(副)	just
13. 课文	kèwén	(名)	text
14. 中	zhōng	(名)	in; among
15. 词	cí	(名)	word
16. 句子	jùzi	(名)	sentence
17. 大学	dàxué	(名)	university
18. 为了	wèile	(介)	for; in order to
19. 了解	liǎojiě	(动)	understand
20. 历史	lìshǐ	(名)	history
21. 文化	wénhuà	(名)	culture
22. 十分	shífēn	(副)	very; extremely
23. 重要	zhòngyào	(形)	important
24. 经济	jīngjì	(名)	economy
25. 专业	zhuānyè	(名)	special field of study
26. 研究生	yánjiūshēng	(名)	postgraduate（student）
27. 研究	yánjiū	(动)	study; research
28. 为	wèi	(介)	for the sake of
29. 热	rè	(形)	hot; popular
30. 机会	jīhuì	(名)	opportunity
31. 有的	yǒude	(代)	some
32. 继续	jìxù	(动)	continue
33. 努力	nǔlì	(形)	make efforts; strive
34. 进步	jìnbù	(动)	progress

第 7 课　谈谈学习目的

Lesson 7　Talking about learning objectives

93

35. 方法	fāngfǎ	（名）	methodl; way
36. 一边……	yìbiān……		at the same time;
一边……	yìbiān……		do sth while...
37. 敢	gǎn	（动）	dare
38. 话	huà	（名）	word; talk
39. 怕	pà	（动）	fear; be afraid of
40. 习惯	xíguàn	（名、动）	habit, custom; be used to
41. 翻译	fānyì	（动、名）	translate; translation; translator

专　名　Proper nouns

| 1. 大连 | Dàlián | a city in Liaoning province |
| 2. 东亚 | Dōngyà | East Asian |

四　语言点　Language points

（一）基本句　Basic sentence patterns

1. 表示目的的"为"和"为了"

The adverbial phrase of purpose "为" and "为了"

格式 1:　　　　为（了）＋目的＋行为
Structure 1:　　为（了）＋purpose＋action

(1) 为（了）了解中国文化，金美英来到了大连学习汉语。

(2) 为（了）找工作，她努力学习。

格式2：　　　　行为 + 是为（了）+ 目的
Structure2:　　 action + 是为（了）+ purpose

（3）我在大学学中文，是为（了）更好地了解中国历史和文化。

（4）我学汉语一是为（了）找工作，二是为了旅游。

（5）我是学习东亚经济的研究生，学习汉语是为（了）研究中国经济。

2. 有的……，有的……，还有的……
   The phrase of "有的……有的……还有的……"

   用于列举事物，分别陈述。例如：

   "有的……，有的……，还有的……" is used to enumerate or explain objects in order. For example:

   （1）有的为了了解中国文化，有的为了旅游，还有的是为了找工作。

   （2）同学们有的喜欢旅游，有的喜欢画画儿，还有的喜欢听音乐。

3. 一边……一边……　　The phrase of "一边……一边……"

   表示两种动作同时进行。例如：

   "一边……一边……" is used to denote the two actions happening simultaneously. For example:

   （1）大家要一边学，一边用。

   （2）她一边看电视，一边打电话。

（二）词语用法　Usage of words and phrases

动态助词"了"　　The usage of auxiliary verb "了"

"了"用在动词后，表示动作的完成。可以用于过去，也可以用于将来。

"了" is used after a verb to denote the action in perfect and can be used with the past tense as well as the future tense.

（1）我昨天买了一本汉语词典。（过去）

（2）吃了饭，大卫去图书馆了。（过去）

（3）下了课，一起去看排球比赛怎么样？（将来）

▲ 一般不单说"动词+了+简单宾语"的句子，要在简单宾语前加上定语，或者在句尾加上"了"才可以说。例如：

Generally speaking, in this usage a modifier should be used before a simple object, or add "了" at the end of the sentence, and we do not say a sentence like "verb + 了 + simple object". For example:

(1) × 他买了书。

改为：他买了一本书。/ 他买了书了。

(2) × 老师进了教室。

改为：老师进了405教室。/ 老师进了教室了。

五 操练与交际　Practice and communication

（一）读下列音节，注意辨别声韵调

Read the following syllables and pay attention to distinguish the initials, the finals and the tones

xiē—xiě	jùzi—júzi	páiqiú—báijiǔ
bǐsài—bísāi	chūfā—quèfá	zhòngyào—zhōngyào
zhuānyè—chuányè	gāng—gān	xíguàn—xǐhuan
yánjiū—yānjiǔ	mùdì—mùdí	wénhuà—wèn huà

jīngjì—jǐnjí   jìxù—jìshù   nǔlì—lǔlì

jīhuì—jíhuì   jìnbù—jìnbǔ   fāngfǎ—fàn fǎ

（二）熟读下列短语　Read up the following phrases

足球比赛	排球比赛	游泳比赛	爬山比赛	体育比赛
刚出发	刚学习	刚谈	刚准备	刚研究
研究文化	研究经济	研究历史	研究音乐	研究汉语
汉语热	旅游热	经济热	中国热	足球热
继续学习	继续工作	继续研究	继续了解	继续运动
敢吃	敢喝	敢问	敢打	敢做

（三）用本课的生词填空

Fill in the blanks with the new words in this lesson

1. 我们打算明天下午_____去北京旅行。
2. 这个句子太难了，我不会_____。
3. 大卫每天都跑步，锻炼身体，这是好_____。
4. _____庆祝金美英的生日，大家准备开一个晚会。
5. 孙明学习日语，以后想做_____。
6. 金美英学习十分努力，_____很快。
7. 你在大学学习什么_____？
8. 今天真_____，我不想去公园了。
9. 上课的时候，老师给我们很多练习的_____，所以我的口语进步很快。
10. 山本现在不在，她去操场_____球去了。

（四）词语搭配　Collocations of words and phrases

_____ 出发　　　刚 _____　　　翻译 _____　　　_____ 机会

重要 _____　　　敢 _____　　　_____ 习惯　　　研究 _____

继续 _____　　　_____ 目的　　　_____ 热

（五）句型替换　Sentence patterns substitution

1

买	两斤水果	买	一件衣服
吃	一碗牛肉面	喝	一碗酸辣汤
学	一些生词	做	一些练习
准备	一个生日蛋糕	做	一点儿菜

A：你昨天做了些什么？
B：我昨天玩儿了很多地方，还看了一个电影。

2

吃	饭	图书馆	看书
复习	生词	操场	玩儿足球
写	作业	找爱米	聊天

下了课，一起去体育馆看排球比赛怎么样？

3

订房间	妈妈来中国旅行时住
跑步	锻炼身体
去医院	看病
买礼物	庆祝高桥的生日

A：你为什么来中国呢？
B：我来中国是为了更好地了解中国历史和文化。

4

我学汉语一是为了找工作，二是为了旅游。

住宿舍	方便	便宜
学英语	出国留学	了解英美文化
学唱中文歌	玩儿	学汉语
去商店	买东西	散步

5

喜欢打球	喜欢看书	喜欢唱歌
喝啤酒	喝白酒	喝红酒
去逛商店	去看电影	去游泳

同学们有的为了了解中国文化，有的为了旅游，还有的是为了找工作。

6

我们一边学，一边用。

吃	聊
听	看
走	说

（六）选择"了"在句中的位置

Insert "了" in the appropriate place of the following sentences

1. 我吃 A 一个苹果和一个香蕉 B。
2. 山本去找 A 大卫 B。
3. 爱米在 A 银行换 B 300 美元 C。
4. 老师进 A 教室 B。
5. 玛丽亚昨天去 A 公园 B。
6. 她昨天戴 A 眼镜 B 吗？

第 7 课 谈谈学习目的　Lesson 7　Talking about learning objectives

7. 作业交给 A 老师 B 吗?

8. 吃 A 饱 B 吗?

9. 大卫带 A《汉英词典》B。

10. 我们昨天都去 A 海边 B。

(七) 用括号中的词语完成句子

Complete the following sentences by using the words or phrases in the brackets

1. 我去了很多书店，_____。（是为了）

2. _____，他学习非常努力。（为）

3. 大家都喜欢去附近的饭店吃饭，_____。（一是……二是……）

4. 开生日晚会的时候，我们大家_____。（一边……一边……）

5. 下课以后，同学们_____。（有的……有的……还有的）

(八) 完成对话　Complete the following conversations

1. 下课的时候，大家谈周末做什么了。

金美英：周末我去了很多书店。

高　桥：为什么？多累呀！

金美英：_____，你呢？

高　桥：我在宿舍，一边_____，一边_____。

山　本：看电视，太没意思了。我跟大卫一起_____。

大　卫：海边的风景可_____，我们都不想回来了。

金美英：现在去海边太_____。

山　本：不热，我们还可以＿＿＿＿＿＿。

高　桥：我最喜欢游泳了，有机会我们一起去吧。

山　本：有女同学陪当然好了。

2. 同学们在海边一边玩儿，一边聊天。

高　桥：你们为什么来大连学汉语呢？

金美英：我爸爸在这儿工作，为了跟＿＿＿＿＿＿。

山　本：我来大连学汉语一是＿＿＿＿＿＿，二是＿＿＿＿＿＿。

高　桥：不错，大连离日本很近，很方便。

大　卫：我觉得大连人少，不热，又＿＿＿＿又＿＿＿＿，我们意大利人最喜欢这样的地方了。

（九）　交际　　Role play

1. 谈谈为什么学习汉语。

   Why do you study Chinese?

2. 谈谈你的专业是什么，为什么学习这个专业。

   What is your major, and why do you choose the subject as your major?

第8课 Lesson 8

我要借这些书
I want to borrow some books

 一 课文 Text

(一) 在图书馆借阅处
At the circulation desk of the library

山　本：您好，我还书。

老　师：你的书3月借的，现在都6月21号了，过期了。

山　本：那怎么办？

老　师：按规定要罚款。

山　本：多少钱？

老　师：一天五毛，共35天。

山　本：给您。

(大卫拿着书走到借阅处　David is going to the circulation desk with books in his hand)

大　卫：老师，我要借这些书。因为第一回借书，所以不清楚怎么办。

老　师：我先看看，然后再办。……这本不能借。

大　卫：为什么？

老　师：因为是词典，所以只能在这儿看。

山　本：这本《大李老李和小李》是什么书哇？

大　卫：是本小说。……啊，是你呀，山本！

山　本：是呀，我来还书。

老　师：拿着你的借书证。别忘了8月21号到期。

大　卫：谢谢您提醒我。

（二）在大卫的房间门口
At the door of David's room

玛丽亚：外面还下着雨，你去哪儿了？

大　卫：我去借了几本书。

玛丽亚：门还开着，你怎么就走了？

大　卫：哎呀，我忘了锁了。

(一) Zài túshūguǎn jièyuèchù

Shānběn: Nín hǎo, wǒ huán shū.

Lǎoshī: Nǐ de shū sānyuè jiè de, xiànzài dōu liùyuè èrshíyī hào le, guò qī le.

Shānběn: Nà zěnme bàn?

Lǎoshī: Àn guīdìng yào fá kuǎn.

Shānběn: Duōshao qián?

Lǎoshī: Yì tiān wǔ máo, gòng sānshíwǔ tiān.

Shānběn: Gěi nín.

(Dàwèi názhe shū zǒudào jièyuèchù)

Dàwèi: Lǎoshī, wǒ yào jiè zhèxiē shū. Yīnwèi dì yī huí jiè shū, suǒyǐ bù qīngchu zěnme bàn.

Lǎoshī: Wǒ xiān kànkan, ránhòu zài bàn. …… Zhè běn bù néng jiè.

Dàwèi: Wèi shénme?

Lǎoshī:	Yīnwèi shì cídiǎn, suǒyǐ zhǐ néng zài zhèr kàn.
Shānběn:	Zhè běn 《Dà Lǐ Lǎo Lǐ hé Xiǎo Lǐ》 shì shénme shū wa?
Dàwèi:	Shì běn xiǎoshuō. …… À, shì nǐ ya, Shānběn!
Shānběn:	Shì ya, wǒ lái huán shū.
Lǎoshī:	Názhe nǐ de jièshūzhèng. Bié wàngle bāyuè èrshíyī hào dào qī.
Dàwèi:	Xièxie nín tíxǐng wǒ.

(二) Zài Dàwèi de fángjiān ménkǒu

Mǎlìyà:	Wàimian hái xià zhe yǔ, nǐ qù nǎr le?
Dàwèi:	Wǒ qù jiè le jǐ běn shū.
Mǎlìyà:	Mén hái kāi zhe, nǐ zěnme jiù zǒu le?
Dàwèi:	Āiyā, wǒ wàngle suǒ le.

常用句　Useful sentences

1. 按规定要罚款。
2. 我要借这些书。
3. 因为第一回借书，所以不清楚怎么办。
4. 我先看看，然后再办。
5. 外面还下着雨，你去哪儿了？

三 生词 New words

1.	借	jiè	(动)	borrow; lend
2.	这些	zhèxiē	(代)	these
3.	还	huán	(动)	return
4.	都	dōu	(副)	already
5.	期	qī	(名)	schedule
6.	按	àn	(介)	according to
7.	规定	guīdìng	(名、动)	rules and regulations, regulate
8.	罚款	fá kuǎn		impose a fine or forfeit
9.	共	gòng	(副)	total
10.	因为	yīnwèi	(介、连)	because
11.	第	dì	(头)	used as prefix before a number
12.	回	huí	(量)	times
13.	所以	suǒyǐ	(连)	so; therefore
14.	清楚	qīngchu	(形)	clear
15.	然后	ránhòu	(连)	then; next
16.	老	lǎo	(头)	a prefix used before the surname of a person, etc.
17.	小说	xiǎoshuō	(名)	novel; fiction
18.	拿	ná	(动)	hold; take

19. 着	zhe	（助）	aspect marker attaching to a verb indicating the continuation of an action or state
20. 借书证	jièshūzhèng	（名）	library card
21. 别	bié	（副）	don't
22. 忘	wàng	（动）	forget
23. 提醒	tíxǐng	（动）	remind
24. 外面	wàimian	（名）	outward
25. 下	xià	（动）	fall (of rain, snow, etc.)
26. 雨	yǔ	（名）	rain
27. 门	mén	（名）	door
28. 开	kāi	（动）	open
29. 哎呀	āiyā	（叹）	expressing surprise or amazement
30. 锁	suǒ	（动、动）	lock up; lock
31. 那些	nàxiē	（代）	those

专 名　Proper Nouns

李	Lǐ	a surname

第 8 课　我要借这些书

Lesson 8　I want to borrow some books

四 语言点 Language points

（一）基本句 Basic sentence patterns

因为……，所以……

The phrase of "因为……，所以……"

用于复句，表示原因和结果的关系。例如：

"因为……，所以……" is used in complex sentences to denote the relationship between the reason and the result. For example:

(1) 因为是词典，所以不能借，只能在这儿看。
(2) 田中因为生病了，所以今天没来上课。

（二）词语用法 Usage of words and phrases

1. 动态助词"着"　　The usage of auxiliary verb "着"

"着"表示动作或状态的持续。例如：

"着" denotes the duration of an action or a state. For example:

(1) 他拿着一本词典。
(2) 外边还下着雨。
(3) 房间的门开着。

2. 词头"第、老、大、小"

The usage of prefixes "第，老，大，小"

"第"、"老"放在数词前，可以表示次序。"老"、"大"、"小"放在姓前，可以表示亲切的称呼。例如：

The prefixes "第，老" denote the order when they are used before a numeral.

108

And "老，大，小" denote cordial or amiable forms of address. For example:

第一　第二　第三　老大　老二　老三

老王　大李　小张

（1）我是第一回来借书。

（2）家里的孩子姐姐是老大，他是老三。

（3）这本《大李老李和小李》是什么书哇？

操练与交际　Practice and communication

（一）读下列音节，注意辨别声韵调

Read the following syllables and pay attention to distinguish the initials, the finals and the tones

guīdìng—guìxìng　　ránhòu—yànhòu　　qīngchu—qīnshǔ

tíxǐng—tíqǐng　　　wàimian—wèimiǎn　suǒyǐ—suǒyì

xiǎoshuō—jiàosuō　 mén—méng

（二）熟读下列短语　Read up the following phrases

第一	第四	第六	第八	第十
拿书	拿钱	拿来	拿去	拿东西
别看	别走	别告诉	别买	别锁
提醒老师	提醒同学	提醒大家	提醒山本	提醒妈妈

（三）用本课的生词填空

Fill in the blanks with the new words in this lesson

1. 昨天我去图书馆_____了两本中国历史书，可以看一个月。

2. _____规定，那些词典只能在图书馆看，不能借。

3. 我要先还书，_____借书。

4. 这是大卫_____一次来中国。

5. 明天老师要听写，_____晚上我要好好复习生词。

6. 妈妈_____我早点儿起床，上课别晚了。

7. 出门的时候一定要_____好门。

8. 老师的发音十分_____，我们都可以听懂。

9. 别开门。外边_____雨了。

10. 这些是词典，_____是小说。

(四) 词语搭配　　Collocations of words and phrases

借 ____	还（huán）____	拿 ____	别 ____
那些 ____	____ 清楚	按 ____	开 ____
忘 ____	提醒 ____	____ 规定	____ 期

(五) 将词语放在合适的位置上

Insert the words or phrases in the appropriate place of the following sentences

1. A 那么早就 B 给田中 C 打电话，他一定还没 D 起床呢。　　（别）

2. 你 A 让爱米 B 买生日蛋糕了，我已经 C 让高桥 D 买了。　　（别）

3. 她太忙 A 了，周末还要 B 带 C 孩子去公园玩儿 D。　　（着）

4. 宿舍 A 的门开 B，她能去 C 哪儿 D 呢？　　（着）

5. A 中国的 B 习惯，C 过生日的人要请朋友们一起 D 到家里吃饭。

（按）

（六）句型替换　Sentence patterns substitution

1

5月2号	7月12号
1月	4月5号
9月22号	12月25号
8月12号	11月21号

A：您好，我还书。
B：你的书<u>3月</u>借的，现在都<u>6月21号</u>了，过期了。

2

想想	写
听听	说
玩儿玩儿	还给你
尝尝	买

我先<u>看看</u>，然后再<u>办</u>。

3

是第一回来	不知道怎么借书
是周末	我们要好好休息
是新同学	大家都帮助她
家离学校不远	每天可以走着去学校

因为<u>是词典</u>，所以<u>只能在这儿看</u>。

4

爱米身上	穿	一件大衣
桌子上	放	一些苹果
本子上	写	大卫的名字

A：<u>他手里</u>拿着什么？
B：<u>他手里</u>拿着<u>一本词典</u>。

第 8 课　我要借这些书
Lesson 8　I want to borrow some books

5

A：外面还下着雨，你去哪儿了？
B：我去借了几本书。

买了点儿水果
还书了
打了个电话

(七) 用"着"改写下面句子

Rewrite the following sentences by using "着"

1. 桌子上有一个杯子。

2. 书上有山本的名字。

3. 本子上有很多画。

4. 大卫房间的门没有锁。

5. 金美英拿了一些点心去玛丽亚的房间。

(八) 用括号中的词语完成句子

Complete the following sentences by using the words or phrases in the brackets

1. _____，词典不能借。（按）
2. 我要问清楚怎么走，_____。（然后）
3. 因为食堂的菜又便宜又好吃，_____。（所以）

112

4. 山本，_____，我们出去玩儿吧。（别）

5. 出门的时候，金美英_____。（提醒）

（九）完成对话　Complete the following conversations

1. 在借书处。

    山　本：请问，这儿有《新汉语基础课本》吗？

    老　师：_____，我找找。

    山　本：我第一次借书，这是我的借书证。

    老　师：办好了，给你，记着一个月以后来还书，过期要罚款。

    山　本：怎么罚？

    老　师：_____

    山　本：谢谢您提醒我。

2. 在阅览室，金美英拿着《中国文化》走到老师面前。

    金美英：老师，您好，我可以借这本书吗？

    老　师：对不起，_____

    金美英：那怎么办呢？我特别喜欢这本书。

    老　师：_____

    金美英：谢谢您提醒我。

    （金美英来到借书处）

    金美英：您好，我想借_____

    老　师：_____

    金美英：什么时候到期？

    老　师：_____

    金美英：谢谢，再见。

    老　师：_____

（十）读后选择

Choose the best answers after reading the following passage

下课后，金美英、高桥、爱米、山本一起来到图书馆。金美英和山本要先还书，然后再借书，高桥和爱米都是第一次来借书。山本借的书又过期了，书是4月5号借的，过了12天，按规定过了一个月要罚款，一天五毛。山本交了罚款。金美英借了一本小说，高桥借了一本《留学生汉语课本》，爱米借了一本《中国文化》，山本借了一本《中日经济》。图书馆的老师提醒山本别再过期了。

1. 下课后谁去图书馆了？
   A. 金美英、山本、玛丽亚、高桥
   B. 高桥、爱米、金美英、山本
   C. 金美英、大卫、爱米、山本
   D. 高桥、孙明、山本、金美英

2. 谁第一次来图书馆借书？
   A. 爱米和高桥　　　　　　B. 山本和金美英
   C. 爱米和金美英　　　　　D. 山本和高桥

3. 今天是几月几号？
   A. 4月5号　　　　　　　　B. 5月5号
   C. 4月17号　　　　　　　 D. 5月17号

4. 山本交了多少罚款？
   A. 2元　　　　　　　　　　B. 6元
   C. 1.5元　　　　　　　　　D. 1.8元

5. 《中国文化》是谁借的？
   A. 金美英　　　　　　　　B. 高桥
   C. 大卫　　　　　　　　　D. 爱米

(十一) 交际　Role play

1. 两人一组，模拟在图书馆还书处还书，过期了要交罚款。

   At the Circulation counter of the library by a group of two. You are going to return books, but the books are overdue, and you have to pay the fine.

2. 去图书馆借一次书。

   You are going to the library to borrow a book.

第9课 Lesson 9

你干什么呢
What are you doing there?

一 课文 Text

(一) 在孙明的宿舍 In Sun Ming's room

(外边下着小雨，山本走进孙明的宿舍 It was drizzling outside. Yamamoto went into Sun Ming's room)

孙　明：山本来了，快请坐。

山　本：你干什么呢？

孙　明：我正在上网查资料呢。

山　本：你前天下午做什么去了？

孙　明：我在阅览室，一直在看书。你找我有事吧？

山　本：我想邀请你参加我们班的"汉语天地"活动，当我们的辅导老师。

孙　明：什么是"汉语天地"呀？

山　本：就是大家在一起只许说汉语，不准说母语的交流活动。

孙　明：跟我们的"日语角"差不多。什么时候开始？

山　本：这个周三下午三点半，在405教室。每周一次。

孙　明：一定很有意思，我很愿意参加。

(二) 在教室　　In the classroom

玛丽亚：真热闹，你们正在做什么呢？

金美英：我们在练习口语，老师说要边学边用。

玛丽亚：你们真会学习呀。大家都在谈什么呢？

金美英：生活、学习、家庭什么的。欢迎你也参加。

玛丽亚：谢谢你的邀请，不过，我正找大卫呢。

金美英：他刚才还在这儿呢。

玛丽亚：那就不影响你们了。

(一) Zài Sūn Míng de sùshè

(Wàibian xiàzhe xiǎoyǔ, Shānběn zǒujìn Sūn Míng de sùshè)

Sūn Míng:	Shānběn lái le, kuài qǐng zuò.
Shānběn:	Nǐ gàn shénme ne?
Sūn Míng:	Wǒ zhèngzài shàng wǎng chá zīliào ne.
Shānběn:	Nǐ qiántiān xiàwǔ zuò shénme qu le?
Sūn Míng:	Wǒ zài yuèlǎnshì, yìzhí zài kàn shū. Nǐ zhǎo wǒ yǒu shì ba?
Shānběn:	Wǒ xiǎng yāoqǐng nǐ cānjiā wǒmen bān de "Hànyǔ Tiāndì" huódòng, dāng wǒmen de fǔdǎo lǎoshī.
Sūn Míng:	Shénme shì "Hànyǔ Tiāndì" ya?
Shānběn:	Jiù shì dàjiā zài yìqǐ zhǐ xǔ shuō Hànyǔ, bù zhǔn shuō mǔyǔ de jiāoliú huódòng.
Sūn Míng:	Gēn wǒmen de "Rìyǔjiǎo" chàbuduō. Shénme shíhou kāishǐ?
Shānběn:	Zhè ge zhōusān xiàwǔ sān diǎn bàn zài sì líng wǔ jiàoshì. Měi zhōu yí cì.
Sūn Míng:	Yídìng hěn yǒu yìsi, wǒ hěn yuànyì cānjiā.

(二) Zài jiàoshì

Mǎlìyà: Zhēn rènao, nǐmen zhèngzài zuò shénme ne?

Jīn Měiyīng: Wǒmen zài liànxí kǒuyǔ, lǎoshī shuō yào biān xué biān yòng.

Mǎlìyà: Nǐmen zhēn huì xuéxí ya. Dàjiā dōu zài tán shénme ne?

Jīn Měiyīng: Shēnghuó、xuéxí、jiātíng shénmede. Huānyíng nǐ yě cānjiā.

Mǎlìyà: Xièxie nǐ de yāoqǐng, búguò, wǒ zhèng zhǎo Dàwèi ne.

Jīn Měiyīng: Tā gāngcái hái zài zhèr ne.

Mǎlìyà: Nà jiù bù yǐngxiǎng nǐmen le.

1. 你干什么呢？
2. 我正在上网查资料呢。
3. 我昨天下午一直在看书。
4. "汉语天地"跟我们的"日语角"差不多。
5. 我们在练习口语。

三 生词 New words

1.	干	gàn	（动）	do; work
2.	正在	zhèngzài	（副）	in the process of; in the course of
3.	上	shàng	（动）	go to
4.	网	wǎng	（名）	internet; net
5.	查	chá	（动）	look into
6.	资料	zīliào	（名）	material
7.	前天	qiántiān	（名）	the day before yesterday
8.	一直	yìzhí	（副）	continuously; always
9.	在	zài	（副）	be doing; often dong
10.	阅览室	yuèlǎnshì	（名）	reading room
11.	邀请	yāoqǐng	（动）	invite
12.	参加	cānjiā	（动）	participate; to take part
13.	天地	tiāndì	（名）	field of activity
14.	活动	huódòng	（名、动）	activity; action
15.	当	dāng	（动）	act as; serve as
16.	辅导	fǔdǎo	（动）	tutor
17.	许	xǔ	（动）	permit
18.	准	zhǔn	（动）	permit
19.	母语	mǔyǔ	（名）	mother tongue

20. 交流	jiāoliú	（动）	communicate
21. 角	jiǎo	（名）	corner
22. 差不多	chàbuduō	（形、副）	be similar, about the same; almost, nearly
23. 开始	kāishǐ	（动）	begin; start
24. 愿意	yuànyì	（动）	be willing
25. 热闹	rènao	（形）	lively; buzzing with excitement
26. 生活	shēnghuó	（名、动）	life
27. 家庭	jiātíng	（名）	family
28. 欢迎	huānyíng	（动）	welcome; greet
29. 正	zhèng	（副）	be doing; just (doing sth.)
30. 影响	yǐngxiǎng	（动）	influence; affect
31. 睡觉	shuì jiào		sleep
32. 情况	qíngkuàng	（名）	situation
33. 话题	huàtí	（名）	subject (of a talk or conversation)

第 9 课　你干什么呢

Lesson 9　What are you doing there?

四 语言点 Language points

（一）基本句 Basic sentence patterns

进行态（1）　Progressive tense（1）

表示动作在某一时间的进行，可以用副词"正在"、"正"、"在"，也可以用语气词"呢"，二者常配合使用。句式：

The adverbs of "正在", "正", "在" or an auxiliary of modal word "呢" can be used separately or together to denote the action going on during a certain period. Sentence pattern:

名	+	正在/正/在	+	动	+	名	+（呢）
noun	+	正在/正/在	+	verb	+	noun	+（呢）

(1) 我正在查资料(呢)。

(2) 外边正下雨呢。

(3) 刚才他在看电视(呢)。

(4) 金美英听音乐呢。

▲"在"还可以表示动作反复进行或状态的持续，所以前面可加"一直"、"常常"等词语。"正在"、"正"不行。例如：

"在" can also be used to denote the action happening repeatedly or the duration of a state, and in such case, words like "一直", "常常" can be used before the word "在". "正在" and "正" can not be used in such structure. For example:

(5) 这几天，我一直在复习基础课。
　　×这几天，我一直正在复习基础课。
　　×这几天，我一直正复习基础课。

（二）词语用法　Usage of words and phrases

差不多　The usage of "差不多"

常用来比较两种事物相近似。格式：

"差不多" means almost, be similar, and is usually used to describe the similarity of two objects. Sentence structure.

> A 和（/跟）B 差不多

（1）"汉语天地"和我们的"日语角"差不多。
（2）我的房间跟他的房间差不多。

五　操练与交际　Practice and communication

（一）读下列音节，注意辨别声韵调
Read the following syllables and pay attention to distinguish initial consonants, vowels and tones

zīliào—zhìliáo	cānjiā—sān jiā	fǔdǎo—wǔdǎo
yìzhí—yízhì	yǐngxiǎng—yìnxiàng	shēnghuó—shēng huǒ
yuànyì—yuányì	qíngkuàng—qín huàn	huānyíng—huànyǐng
jiāoliú—jiǔliú		

（二）熟读下列短语　Read up the following phrases

正在学习	正在研究	正在准备	正在唱歌	正在聊天
查资料	查书	查词典	查一查	上网查
一直下	一直走	一直踢	一直打	一直看
当老师	当医生	当翻译	当商人	当服务员
日语角	汉语角	英语角	韩语角	

影响休息　　　影响学习　　　影响工作　　　影响别人　　　影响睡觉

开始讲　　　　开始锻炼　　　开始交流　　　开始辅导　　　开始参加

(三) 用本课的生词填空
Fill in the blanks with the new words in this lesson

1. 你能帮我_____一下《大李老李和小李》这本书吗？
2. 美英，你知道晚会几点_____吗？
3. 这么晚了你还唱歌，当然会_____别人休息。
4. 学校有很多_____，同学们都非常喜欢。
5. 高桥_____丁老师来参加她的生日晚会。
6. 我给大卫打电话的时候，他_____睡觉呢。
7. 这件衣服跟那件衣服_____。
8. 爱米_____借给我这本词典。
9. 上课的时候不_____说话。
10. 昨天上午我_____在休息。

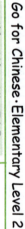

(四) 词语搭配　Collocations of words and phrases

参加_____　　_____交流　　影响_____　　一直_____

正在_____　　邀请_____　　开始_____　　_____热闹

_____生活　　欢迎_____

(五) 将词语放在合适的位置上
Insert the words or phrases in the appropriate place of the following sentences

1. A 大卫他们 B 在操场 C 踢足球 D 呢。　　　　　　　　　　(正)
2. A 老师先 B 带着大家一起 C 复习，然后再 D 讲新课。　(开始)

3. 金美英 A 很爱学习，B 坐在教室的前边 C 听老师 D 讲课。　　（一直）

4. 从这儿 A 往前 B 走，C 到了中国银行 D 再往北走就到了。　　（一直）

5. 孙明 A 参加 B 我们的汉语天地活动，C 当我们的 D 辅导老师。（愿意）

（六）句型替换　Sentence patterns substitution

1

听	音乐
看	小说
买	菜
吃	小吃

A：你干什么呢？
B：我正在网上查资料呢。

2

昨天晚上	在山本的宿舍聊天
今天早上	在房间睡觉
昨天中午	在食堂吃饭
前天上午	在教室上课

A：你前天下午做什么去了？
B：我一直在阅览室看书。

3

今天的电影	以前的电影
这个书店	学校附近的书店
孙明的个子	山本
爸爸的工作	哥哥

"汉语天地"跟"日语角"差不多。

(七) 看图用 "正在"、"在"、"正"、"呢" 说话

Talking about the following pictures below by using "正在", "在", "正" or "呢"

(八) 用括号中的词语完成句子

Complete the following sentences by using the words or phrases in the brackets

1. 丁老师，我想_____。（邀请）
2. 昨天你打电话的时候，我_____。（正在）
3. 我要去图书馆_____。（查）
4. 上课的时候，_____。（准）
5. 她学习汉语是为了_____。（当）

(九) 用下面的词语组成句子

Make sentences by using the following words and phrases

1. 在　一直　他们　交流　方法　学习

   _____

2. 呢　看　踢　在　正　足球　我们　操场

   _____

3. 时间　太　当然　玩儿　的　影响　长　会　学习

   _____

4. 丁老师　王老师　正　聊天　跟　呢

   _____

5. 爱米　参加　邀请　交流　张老师　文化　活动

   _____

(十) 完成对话　**Complete the following conversations**

1. 爱米来到金美英的宿舍，邀请她参加明天晚上开始的"中国文化周"活动。

   爱　米：这么晚了，你干什么呢？

   金美英：_____

   爱　米：吃了晚饭我就来找你，你去哪儿了？

   金美英：_____，刚回来。

   爱　米：_____

   金美英：什么是_____？

   爱　米：就是唱中文歌、看中文电影等中国文化的交流活动。

   金美英：什么时候开始？

   爱　米：_____

   金美英：太好了，我最喜欢学习中国文化了。

2. 金美英和爱米一起来到"中国文化周"活动地点。

金美英：这儿可真热闹哇!_____?

爱　米：他们在看中文电影。

金美英：她们在准备什么?

爱　米：_____

金美英：我很想看她们跳舞。你看看那边在做什么?

爱　米：_____

金美英：这些歌真好听。我们坐这儿听吧。

爱　米：_____

(十一) 读后判断对错

Read the following passage first and fill in the brackets with " √ " or " × "

　　今天星期三，孙明按山本说的时间找到了405教室。教室的门上写着"留学生汉语天地"，他正要开门，山本从里边打开门，热情地说："欢迎，欢迎，快请进。"教室里非常热闹，有的在画画儿，有的在聊天，有的在练中文歌。今天是第一次活动，参加的学生特别多。最重要的是同学们在一起用汉语交流，只准说汉语，不准说母语。金美英介绍了来中国以后的学习情况，高桥谈了谈日本人的家庭，大卫说了说爱好，山本介绍了学习的目的，爱米讲了去北京旅游的情况。大家讲完以后，孙明说："同学们的发音很好，进步很快。这个活动很有意思。不过，我觉得每次谈的话题不要太多，最好一次谈一个话题，这样，交流的机会会更多一些。"大家都觉得这个主意不错。

1. "汉语天地"活动的时间是星期二。　　　　　　　　　　(　　)

2. 孙明没找到"汉语天地"活动的教室。　　　　　　　　(　　)

3. 山本和孙明一起来到教室。　　　　　　　　　　　　(　　)

128

4. 今天是第二次活动，参加的学生特别多。　　　　　（　）

5. 活动要求同学们用汉语交流，只准说汉语，不准说母语。（　）

6. 山本介绍了日本人的家庭。　　　　　　　　　　　（　）

7. 大卫讲了讲爱好。　　　　　　　　　　　　　　　（　）

8. 爱米讲了去北京旅游的情况。　　　　　　　　　　（　）

9. 大家都不喜欢说话，活动很没意思。　　　　　　　（　）

10. 孙明觉得谈的话题太多了。　　　　　　　　　　（　）

第9课　你干什么呢

Lesson 9　What are you doing there?

第10课 谈天气
Lesson 10 Talking about the weather

 一 课文 Text

（一）在爱米的房间 In Amy's room

(爱米和金美英正在看天气预报节目 Amy and Jin Meiying are watching the weather forecast program)

主持人：明天白天晴，最高气温30摄氏度，南风1到2级；夜间转阴有大雨，最低气温25摄氏度，东南风2到3级。

爱　米：明天比今天凉快一点儿。

金美英：我家比这儿凉快多了，夏天平均气温20度左右，冬天也比这儿暖和，平均气温只有零下3度，所以很舒服。

爱　米：我家夏天比这儿热，冬天比这儿冷，常下雪，最好的季节是春天和秋天。

金美英：你看武汉最高气温40度呢。你家有武汉那么热吗？

爱　米：没有武汉那么热，但是常刮风。

（二）在田中的房间　In Tianzhang's room

大　卫：窗外下着雨呢。看样子，这雨不会停了。

田　中：天真黑，像夜里似的。

大　卫：是啊，怎么回去呢？

田　中：今天就住这儿吧。我睡沙发，你睡床。

大　卫：看来，只好麻烦你了。

田　中：哪儿的话！

大　卫：那我就不客气了。你这儿有吃的吗？我饿了。

(一) Zài Àimǐ de fángjiān

(Àimǐ hé Jīn Měiyīng zhèngzài kàn tiānqì yùbào jiémù)

Zhǔchírén: Míngtiān báitiān qíng, zuì gāo qìwēn sānshí shèshìdù, nán fēng yī dào èr jí, Yèjiān zhuǎn yīn yǒu dà yǔ, zuì dī qìwēn èrshíwǔ shèshìdù, dōngnán fēng èr dào sān jí.

Àimǐ: Míngtiān bǐ jīntiān liángkuai yìdiǎnr.

Jīn Měiyīng: Wǒ jiā bǐ zhèr liángkuai duō le, xiàtiān píngjūn qìwēn èrshí dù zuǒyòu, dōngtiān yě bǐ zhèr nuǎnhuo, píngjūn qìwēn zhǐ yǒu língxià sān dù, suǒyǐ hěn shūfu.

Àimǐ: Wǒ jiā xiàtiān bǐ zhèr rè, dōngtiān bǐ zhèr lěng, cháng xià xuě, zuì hǎo de jìjié shì chūntiān hé qiūtiān.

Jīn Měiyīng: Nǐ kàn Wǔhàn zuì gāo qìwēn sìshí dù ne. Nǐ jiā yǒu Wǔhàn nàme rè ma?

Àimǐ: Méiyǒu Wǔhàn nàme rè, dànshì cháng guā fēng.

(二) Zài Tiánzhōng de fángjiān

Dàwèi: Chuāngwài xiàzhe yǔ ne. Kàn yàngzi, zhè yǔ bú huì tíng le.

Tiánzhōng: Tiān zhēn hēi, xiàng yèli shìde.

Dàwèi: Shì a, zěnme huíqu ne?

Tiánzhōng: Jīntiān jiù zhù zhèr ba. Wǒ shuì shāfā, nǐ shuì chuáng.

Dàwèi: Kànlái, zhǐhǎo máfan nǐ le.

Tiánzhōng: Nǎr de huà!

Dàwèi: Nà wǒ jiù bú kèqi le. Nǐ zhèr yǒu chī de ma? Wǒ è le.

二 常用句 Useful sentences

1. 明天比今天凉快一点儿。
2. 你家有武汉那么热吗?
3. 我家没有武汉那么热。
4. 看样子，这雨不会停了。
5. 天真黑，像夜里似的。

第10课 谈天气
Lesson 10 Talking about the weather

三 生词 New words

1. 天气	tiānqì	（名）		weather
2. 预报	yùbào	（动）		forecast
3. 节目	jiémù	（名）		programme
4. 主持人	zhǔchírén	（名）		host
5. 白天	báitiān	（名）		daylight hours; day
6. 晴	qíng	（形）		sunny
7. 气温	qìwēn	（名）		temperature
8. 摄氏	shèshì	（名）		centigrade

133

9.	度	dù	（名）	degree
10.	风	fēng	（名）	wind
11.	级	jí	（名）	rank; level
12.	夜间	yèjiān	（名）	night
13.	转	zhuǎn	（动）	change
14.	阴	yīn	（形）	cloudy
15.	东南	dōngnán	（名）	south east
16.	比	bǐ	（介）	than
17.	凉快	liángkuai	（形）	cool
18.	夏天	xiàtiān	（名）	summer
19.	平均	píngjūn	（形、动）	average
20.	冬天	dōngtiān	（名）	winter
21.	暖和	nuǎnhuo	（形）	warm
22.	下	xià	（名）	under
23.	冷	lěng	（形）	cold
24.	雪	xuě	（名）	snow
25.	季节	jìjié	（名）	season
26.	春天	chūntiān	（名）	spring
27.	秋天	qiūtiān	（名）	autumn
28.	但是	dànshì	（连）	but
29.	刮	guā	（动）	blow
30.	窗	chuāng	（名）	window
31.	看样子	kàn yàngzi		seems; it looks as if

32. 停	tíng	（动）	stop
33. 黑	hēi	（形）	dark
34. 像	xiàng	（动）	be like
35. 夜里	yèlǐ	（名）	night
36. 似的	shìde	（助）	be like; as… as
37. 睡	shuì	（动）	sleep
38. 沙发	shāfā	（名）	sofa
39. 床	chuáng	（名）	bed
40. 只好	zhǐhǎo	（副）	have to

专 名　Proper Nouns

武汉　　　　Wǔhàn　　　　capital of Hubei Province

四 语言点　Language points

（一）基本句　Basic Sentence Patterns

1. 比较句（1）　Comparative sentence（1）

表示两种事物比较的句子。这里介绍两种：

Comparative sentences are sentences of comparing two objects. Here are the two kinds of comparative sentences:

第一种："比"字句。

The first is "比"- sentence.

表示两种事物性质、程度的差别。句式：

"比"-sentence is used to compare the difference in quality or degree of the two objects. Sentonce pattern:

> A 比 B　+　形容词 + （一点儿 / 多了）
> A 比 B　+　Adj.　+ （一点儿 / 多了）

（1）我比他大。

（2）明天比今天凉快一点儿。

（3）我家比这儿凉快多了。

▲"比"字句的形容词前不能加"很"、"不"、"有点儿"一类的词。例如：

The words or phrases like "很"，"不"，"有点儿" can not be used in the structure mentioned above. For example:

（4）× 我比他很大。

（5）× 我比他不大。

▲"比"字句的否定形式是"不比"，但"没有"更常用。例如：

The negative form of the "比" -sentence is "不比"，and "没有" is more often used. For example:

（6）A：她比你大吗？

B：她没有我大。（她不比我大。）

第二种：用"有"的比较句。

The second is comparative sentence with "有"

这种比较句，以两事物中的一个作为标准，"有"表示达到该事物的标准。否定式是"没有"。句式：

There are two thigs in this structure to be compared, one of which is used as a standard, and "有" denotes the reaching of the standard. The negative form of it is "没有". Sentence pattetn:

> A（没）有 B + （这么/那么）+ 形容词
> A（没）有 B + （这么/那么）+ Adj.

（1）你家有武汉那么热吗？

（2）我家没有武汉热。

▲ 这种用"没有"的否定式也常用于"比"字句的否定。

"没有" is often used in the negative form of "比"-sentences.

2. A 像 B 似的　　The usage of "A 像 B 似的"

比况句，用另一事物 B，具体、形象地说明 A 的情况或样子。例如：

"A 像 B 似的" is a kind of comparative sentence, in which object B is used to describe what conditions, state or shape object A is exactly in. For example:

（1）今天真冷，像冬天似的。

（2）看他的样子，像孩子似的。

五　操练与交际　Practice and communication

（一）读下列音节，注意辨别声韵调

Read the following syllables and pay attention to distinguish the initials, the finals and the tones

tiānqì—tiánqī　　　zhǔchí—zhǔzhì　　　liángkuai—liǎng kuài

chūxiàn—chū juàn　yùbào—rìbào　　　　shuì—chuī

píngjūn—píngjǐng　dànshì—dǎnshí　　　jiémù—xiè mù

zhǐhǎo—zhìhǎo　　qìwēn—jīwēn　　　　yīn—yīng

（二）熟读下列短语　Read up the following phrases

25摄氏度　　12摄氏度　　36摄氏度　　零下20摄氏度

阴转晴　　　晴转多云　　阴转多云　　多云转晴　　东风转南风

凉快的天气　　　凉快的晚上　　　特别凉快　　　凉快的时候

暖和的房间　　　暖和的冬天　　　暖和的衣服　　　暖和的天气

像爸爸　　　像孩子　　　像冬天　　　像夏天　　　像北京

(三) 用本课的生词填空
Fill in the blanks with the new words in this lesson

1. 今天晚上有点儿_____，你出门多穿点儿衣服。
2. 明天白天最高_____38摄氏度。
3. 一年有四个_____。
4. 大连夏天的_____气温是25度左右。
5. 你们别说话，我要听天气_____。
6. 我要看晚上九点的体育_____。
7. _____要下雪了，快点儿走吧。
8. 外边冷，快进来_____。
9. 今天_____昨天冷。
10. 雨还没有_____，你就别走了。

(四) 词语搭配　Collocations of words and phrases

平均____　　____凉快　　____暖和　　像____

只好____　　____冷　　　气温____　　____停

预报____　　____节目

(五) 将下面的句子改成"比"字句

Change the following sentences to "比" -sentences

1. 北京没有武汉那么热。
_____

138

2. 从宿舍到教室没有到图书馆那么远。

3. 山本没有大卫高。

4. 这课生词没有那课多。

5. 这儿的冬天没有大连那么冷。

(六) 句型替换　Sentence patterns substitution

1

爱米	金美英	高
这种白酒	普通酒	贵
夜间的风	白天	大
南边的房间	北边的	暖和

明天比今天凉快一点儿。

2

住在宿舍	住在外边	方便
坐车	走路	快
平时	周末	忙
公园	学校	热闹

我家比这儿凉快多了。

3

夏天的天气	春天	舒服
白天	夜里	凉快
你家	她家	远
教室	阅览室	安静

A：你家有武汉那么热吗?
B：没有武汉那么热。

4

学校真漂亮	花园
天真蓝	大海
这儿人真多	市场
你的汉语真好	中国人

天真黑，像夜里似的。

(七) 用括号中的词语完成句子

Complete the following sentences by using the words or phrases in the brackets

1. A：都七点多了，爱米还能来吗？
   B：_____（看样子）

2. A：今天的天气怎么样？
   B：_____（转）

3. 这儿的风景真美，_____。（像……似的）

4. 这几天天气不好，我_____。（只好）

5. 我们国家夏天很热，_____。（但是）

(八) 用下面的词组成句子

Make sentences by the following words and phrases

1. 北京　武汉　热　有　那么　吗

2. 坐　出租车　比　多了　方便　公共汽车

3. 白天　冬天　暖和　比　一点儿　晚上

4. 最 气温 高 夏天 在 八月

_____

5. 平均 冬天 零下 只 气温 有 5度

_____

(九) **完成对话**　Complete the following conversations

1. 高桥在玛丽亚的房间。

    高　桥：你看天气预报了吗？

    玛丽亚：看了，今天_____。

    高　桥：真热呀！夜间怎么样？

    玛丽亚：_____

    高　桥：太好了，下点儿雨就_____，明天怎么样？

    玛丽亚：_____

    高　桥：风有点儿大。明天我们去逛商店怎么样？

    玛丽亚：_____

2. 大卫、山本、孙明在一起谈天气。

    孙　明：你们觉得这里的天气怎么样？是不是很舒服哇？

    山　本：_____，确实比较舒服。

    孙　明：你们国家一年四季天气怎么样？

    大　卫：我们国家夏天_____，冬天_____，但是_____。

    山　本：我们日本风也很大，比_____。

    孙　明：你们喜欢什么季节？

    大　卫：我喜欢_____，因为_____可以去海边_____。

山　本：我喜欢＿＿＿＿＿和＿＿＿＿＿，因为这两个
　　　　＿＿＿＿＿不冷也不热。

孙　明：我跟你们不一样。我喜欢＿＿＿＿＿，＿＿＿＿＿
　　　　常常下雪，雪中的风景特别美。

（十）读后填表并回答问题

Read the following passage first, fill in the chart and then answer the following questions

今天是1月24日星期三，欢迎收看今天的天气预报节目。北京今天白天多云，最高气温3摄氏度，西北风2到3级；夜间多云转晴，最低气温零下5摄氏度。武汉今天白天阴有小雨，最高气温11摄氏度，北风3到4级；夜间多云转晴，最低气温5摄氏度。大连今天白天晴，最高气温5摄氏度，北风3到4级；夜间晴，最低气温零下1摄氏度，东北风5到6级。

城市 天气	北京		武汉		大连	
	白天	夜间	白天	夜间	白天	夜间
晴阴						
气温						
风						

回答问题　Answer the following questions

1. 哪个城市白天气温最高？
　＿＿＿＿＿＿＿＿＿＿＿＿＿＿＿＿＿＿＿＿＿＿＿＿＿

2. 哪个城市风最大？
　＿＿＿＿＿＿＿＿＿＿＿＿＿＿＿＿＿＿＿＿＿＿＿＿＿

3. 今天白天大连比北京气温高多少度？
　＿＿＿＿＿＿＿＿＿＿＿＿＿＿＿＿＿＿＿＿＿＿＿＿＿

4. 哪个城市的气温最低？

5. 大连今天白天的气温比夜间的气温高多少？

6. 哪个城市的平均气温最高，比最低的高多少？

（十一） 交际　Role play

看图谈天气。Talk about weather according the following picutures.

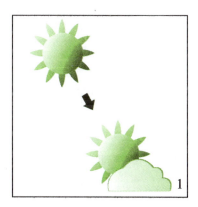
1

2

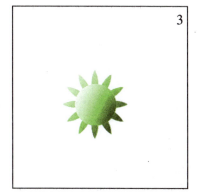
3

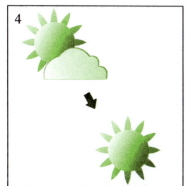
4

自 测 题
Evaluation paper

一、给下面的生词写上拼音　　Write the *Pinyin* of the following words

( )　　　( )　　　( )　　　( )　　　( )
复习　　　确实　　　游泳　　　快乐　　　银行

( )　　　( )　　　( )　　　( )　　　( )
号码　　　动物　　　散步　　　电话　　　恢复

( )　　　( )　　　( )　　　( )　　　( )
安静　　　服务　　　重要　　　翻译　　　规定

( )　　　( )　　　( )　　　( )　　　( )
清楚　　　邀请　　　愿意　　　预报　　　暖和

二、根据拼音写汉字　　Write the Chinese character of the following *Pinyin*

liángkuai　　píngjūn　　yǐngxiǎng　　kāishǐ　　ránhòu
( )　　　( )　　　( )　　　( )　　　( )

tíxǐng　　bǐsài　　xíguàn　　pǔtōng　　tiáojiàn
( )　　　( )　　　( )　　　( )　　　( )

shūfu　　máfan　　ānpái　　diànyǐng　　zhíyuán
( )　　　( )　　　( )　　　( )　　　( )

nàme　　xìngqù　　yùndòng　　yǒumíng　　fāngbiàn
( )　　　( )　　　( )　　　( )　　　( )

三、填量词　Fill in the blanks with a measure word

1. 现在七点一_____，还有五分钟电影就开始了。
2. 我要两_____饼。
3. 学校旁边有一_____中国银行。
4. 这是我第一_____去图书馆借书。
5. 他最近写了一_____小说。

四、词语搭配　Collocations of words and phrases

凉快_____　一直_____　热闹_____　别_____　继续_____

多么_____　关心_____　常_____　怎么_____　有点儿_____

五、选词填空　Choose the best word to fill in the blanks

1. 这件衣服_____大了一点儿。
   A. 太　　B. 稍　　C. 比较　　D. 可

2. 北海大酒店是一家_____安静的酒店。
   A. 非常　B. 太　　C. 可　　　D. 真

3. 你们要是有不明白的问题_____来找我。
   A. 都　　B. 也　　C. 就　　　D. 常常

4. 这个商店的东西有那个商店_____贵吗？
   A. 这么　B. 那么　C. 更　　　D. 比较

5. 这几天我_____没睡好觉。
   A. 平时　B. 常常　C. 一直　　D. 一定

6. 我病了，最近不_____去游泳了。
   A. 许　　B. 会　　C. 可以　　D. 能

7. 上课的时候，老师不让我们说母语，只_____我们说汉语。
   A. 准　　B. 会　　C. 可以　　D. 能

8. 麻烦您告诉美英，回来后_____我回个电话。

　　A. 为　　　B. 跟　　　C. 给　　　D. 让

9. 星期日同学们都出去玩儿了，_____我一个人在宿舍。

　　A. 还　　　B. 就　　　C. 也　　　D. 已经

10. 每次我去找他，他都_____上网。

　　A. 正　　　B. 正在　　C. 在　　　D. 着

六、把所给的词语放在恰当的位置上

Insert the words in the appropriate place of the following sentences

1. 我已经 A 吃 B 晚饭 C 了 D 。　　　　　　　　　　　（完）
2. 我 A 跟 B 孙明 C ，都喜欢跑步 D 。　　　　　　　　（一样）
3. 外边下 A 大雨 B ，你怎么 C 来 D 的？　　　　　　　（着）
4. 这个电影 A 很长，大概 B 有两小时 C 二十分 D 。　　（左右）
5. A 我在 B 回宿舍的路上 C 看见大卫 D 了。　　　　　（刚才）
6. 大连夏天 A 比 B 北京 C 多 D 了。　　　　　　　　　（凉快）
7. A 外边 B 在 C 下雪 D 。　　　　　　　　　　　　　（一直）
8. 别 A 说话，B 他 C 打电话 D 呢。　　　　　　　　　（正在）
9. 我们打算 A 明天吃 B 早饭 C 就出发 D 。　　　　　　（了）
10. A 美英 B 跟同学们一起 C 去附近的饭店 D 吃饭。　　（常常）

七、用下面的词语组成句子

Make sentences by the following words or phrases

1. 正在　金美英　电视　看　呢

　_____

2. 在花园里　我们　着　坐　聊天　呢

　_____

3. 已经　我　饱　吃　了

　_____

4. 生词　这些　难　有点儿

_____

5. 跟　高　我　孙明　一样

_____

6. 先　我们　作业　写　然后　去　足球　踢

_____

7. 电影票　昨天　买　我　了　两　张

_____

8. 我　为了　去　买　汉韩词典　很多　书店　了

_____

9. 开始　时候　什么　上课

_____

10. 书　这本　那本　比　一点儿　贵

_____

八、用所给的词语完成句子

Complete the following sentences by using the words or phrases in the brackets

1. A：_____？**（怎么样）**

   B：这个房间阳光充足，很安静。

2. A：_____？**（怎么）**

   B：这个词读"yìsi"。

3. A：请问，游泳馆怎么走？

   B：_____ **（从、往）**

4. A：昨天美英去你房间的时候你干什么呢？

   B：_____ **（正……呢）**

5. A：都过了半个小时了，他还能来吗？

   B：_____ **（看样子）**

6. A：你为什么学习汉语呀？

   B：_____（为了）

7. A：你有什么爱好？

   B：_____（什么的）

8. A：你什么时候能回来？

   B：_____（左右）

9. A：你以后想做什么工作？

   B：_____（当）

10. A：美英和高桥一样高吗？

    B：_____（比）

九、自己选择一个话题，写一篇100字左右的短文
Choose one of the following topics and write a composition on it about 100 words

1. 谈谈你和朋友的爱好。

2. 谈谈你怎么过周末。

3. 谈谈你们国家四季的天气。

啊	à	驚いた時に発する言葉	아 (어조사)	ага	5
啊	a	疑問を表す（か）	의문의 어기를 나타냄	же	6
哎	āi	驚いたりしっかりしたりする気持ちを表す	참	показ удивления	1
哎呀	āiyā	驚いたりする気持ちを表す	아이고	а	8
爱	ài	好む；好く	좋아하다	любить	2
爱好	àihào	趣味（とする）	취미	хобби	2
安静	ānjìng	静かだ	조용하다	любить	6
安排	ānpái	予定がある	배치하다	организовать	4
按	àn	～によって；～のとおり	대로	согласно	8

白酒	báijiǔ	蒸留酒の総称	소주	гаоляновая водка	2
白天	báitiān	昼	낮	день	10
百	bǎi	百	백	сто	3
搬	bān	引っ越す	이사하다	переносить	6
办	bàn	する	처리하다	делать	3
帮	bāng	助ける	거들어 주다	помочь	3

149

帮助	bāngzhù	手伝う；手助け	돕다	помочь	6
包子	bāozi	肉まんじゅう	찐만두	пирожок	1
饱	bǎo	いっぱいになっている	배부르다	сытый	1
比	bǐ	（試合などの得点の対比）〜対〜だ	…비하여(비율)	сравнить	3
比	bǐ	〜より	보다	сравнивать	10
比较	bǐjiào	比較的に	비교적	сравнительно	1
比赛	bǐsài	試合（する）	시합	конкурс	7
标准间	Biāozhǔnjiān	スタンダード・ツインルーム	표준방	стандартный номер	6
别	bié	〜するな	…하지 마라	не	8
宾馆	bīnguǎn	ホテル	호텔	гостиница	6
饼	bǐng	小麦粉をこねて薄い円盤	떡	блин	1
病	bìng	病気	병나다	болеть	5

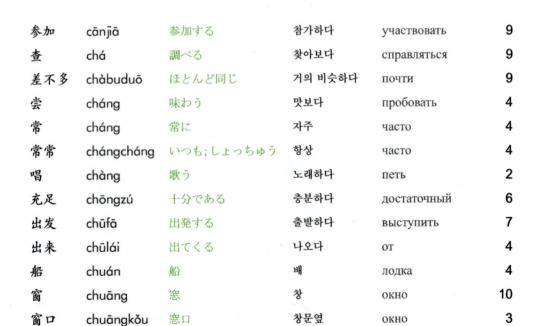

参加	cānjiā	参加する	참가하다	участвовать	9
查	chá	調べる	찾아보다	справляться	9
差不多	chàbuduō	ほとんど同じ	거의 비슷하다	почти	9
尝	cháng	味わう	맛보다	пробовать	4
常	cháng	常に	자주	часто	4
常常	chángcháng	いつも；しょっちゅう	항상	часто	4
唱	chàng	歌う	노래하다	петь	2
充足	chōngzú	十分である	충분하다	достаточный	6
出发	chūfā	出発する	출발하다	выступить	7
出来	chūlái	出てくる	나오다	от	4
船	chuán	船	배	лодка	4
窗	chuāng	窓	창	окно	10
窗口	chuāngkǒu	窓口	창문옆	окно	3
床	chuáng	ベッド	침대	кровать	10

春天	chūntiān	春	봄	весна	10
词	cí	語	단어	слово	7
次	cì	便名を数える単位	번	раз	6
从	cóng	〜から	…부터	из	3
醋	cù	お酢	(식)초	уксус	1
错	cuò	正しくない	틀리다	ошибка	5

打	dǎ	する	치다	играть	2
打算	dǎsuan	〜つもりだ	하려고 하다;계획	план планировать	4
大家	dàjiā	皆さん	여러분	все	2
大学	dàxué	大学	대학	институт	7
单	dān	書付；シーツ類	쪽지 서	единичный	3
单人间	dānrénjiān	シングル・ルーム	단일의 방	единичный номер	6
但是	dànshì	でも；しかし	하지만	но	10
淡	dàn	（味が）あっさりする	(맛이)싱겁다	слабый	1
当	dāng	担当する；〜になる	삼다	служить	9
等	děng	待つ；など	기다리다	ждать	1
等（等）	děng(děng)	など	잠깐 기다리다	подробно	2
低	dī	低い	낮다	низкий	6
地方	dìfang	ところ	지방	место	1
第	dì	第〜	제..	порядочный	8
点	diǎn	ちょっと触ってすぐ離れる	만지다	нажимать	3
点心	diǎnxin	お菓子	과자	пирожное	4
点钟	diǎnzhōng	〜時	시간	час	1
电话	diànhuà	電話	전화	телефон	5
电视	diànshì	テレビ	텔레비전	телевидение	4
电影	diànyǐng	映画	영화	фильм	4
电影院	diànyǐngyuàn	映画館	영화관	кино	4
店	diàn	店	상점	магазин	1

订	dìng	予約する	정하다	заказать	6
东南	dōngnán	東南	동남	Юго-восток	10
冬天	dōngtiān	冬	겨울	зима	10
动物	dòngwù	動物	동물	животные	4
动物园	dòngwùyuán	動物園	동물원	зоопарк	4
都	dōu	もう; すでに	벌써	уже	8
读	dú	読む	읽다	читать	12
度	dù	温度を数える単位(度)	도	градус	10
对	duì	～対～	대하다	ухаживать	3
兑换	duìhuàn	両替する	현금과 바꾸다	обменять	3
兑换率	duìhuànlǜ	両替率	환율	коэффициент обмена	3
多么	duōme	どんなに	어느 정도	как	6

| 饿 | è | お腹が空いている | 배고프다 | голодный | 1 |

罚款	fá kuǎn	罰金（を取る）	벌금 내다	штраф	8
翻译	fānyì	翻訳（する）	번역하다	переводить	7
饭	fàn	御飯	밥	еда	1
方便	fāngbiàn	便利である	편리하다	удобный	1
方法	fāngfǎ	方法	방법	метод	7
放	fàng	入れる	놓다	положить	1
放心	fàng xīn	安心する	마음을 놓다	успокоиться	6
分钟	fēnzhōng	～分	분	минута	3
风	fēng	風	바람	ветер	10
夫人	fūren	妻	부인	жена	4
服务	fúwù	サービス（する）	복무하다	служить	6

服务员	fúwùyuán	ホテル・レストラン等の従業員	종업원	служащий	1
辅导	fǔdǎo	補導（する）	도우며 지도하다	консультировать	9
复习	fùxí	復習（する）	복습하다	повторять	1

G

敢	gǎn	～する勇気がある	용감하다	сметь	7
感冒	gǎnmào	風邪を引く	감기	простуда	5
干	gàn	する	일하다	делать	9
刚	gāng	～したばかりである	막	едва	7
刚才	gāngcái	さきほど	금방	только что	5
歌	gē	歌	노래	песня	2
给	gěi	～に（～をあげる）	…에게	дать	5
更	gèng	もっと；いっそう	더	далее	1
共	gòng	全部で；合計	전부	всего	8
刮	guā	（風が）吹く	불다	дуть	10
关心	guānxīn	気にかける	관심을 기울이다	заботиться	5
馆	guǎn	～館	관	родовое слово	2
广播	guǎngbō	放送	방송하다	радиовещание	3
逛	guàng	ぶらぶら歩く	거닐다	гулять	4
规定	guīdìng	規定（する）	규정하다	правила	8

H

孩子	háizi	子供	아이	ребенок	4
含	hán	含める	포함하다	содержать	6
号	hào	番号	호	номер	3
号码	hàomǎ	番号	번호	номер	3
黑	hēi	黒い	어둡다	черный	10
红	hóng	赤い	붉다	красный	2

红酒	hóngjiǔ	赤ワイン	붉은 포도주	красное вино	2
后	hòu	後	후에	после	5
护照	hùzhào	パスポート	여권	паспорт	3
划	huá	（船を）漕ぐ	젓다	грести	4
画	huà	描く	그리다	рисовать	2
画儿	huàr	絵	그림	картина	2
话	huà	話	말	слово	7
话题	huàtí	話題	화제	тема	9
欢迎	huānyíng	歓迎する	환영하다	добро пожаловать	9
还	huán	返却する	돌려주다	вернуться	8
换	huàn	交換する；兌換する	바꾸다	обмен	3
恢复	huīfù	回復する	회복하다	восстановиться	5
回	huí	動作の回数を数える単位(回)	번	раз	8
会	huì	〜することができる	깨닫다	мочь	2
活动	huódòng	活動（する）	활동하다	действие	9

机会	jīhuì	機会	기회	шанс	7
级	jí	風力度数を表す単位	등급	степень	10
计划	jìhuà	計画（する）	계획	план	4
季节	jìjié	季節	계절	сезон	10
继续	jìxù	続く；続ける	계속하다	продолжать	7
寄	jì	郵送する	보내다	передать	4
家	jiā	商店や企業を数える単位	가	слово меры	3
家庭	jiātíng	家庭	가족	семья	9
健康	jiànkāng	健康である	건강	здоровый	5
讲	jiǎng	解釈する；説明する	말하다	говорить	5
酱油	jiàngyóu	お醤油	강장	соевый соус	1
交流	jiāoliú	交流(する)	교류하다	общаться	19

教	jiāo	教える	가르치다	учить	2
角	jiǎo	コーナー	구석	угол	9
饺子	jiǎozi	餃子	교자	пельмени	1
街	jiē	通り; 街	거리	улица	4
节目	jiémù	出し物; 番組	프로그램	программа	10
借	jiè	借りる	빌리다	взять	8
借书证	jièshūzhèng	図書貸し出し証	도서 대출증	читательский билет	8
近	jìn	近い	가깝다	близкий	3
进步	jìnbù	進歩する	진보하다	прогресс	7
进来	jìnlái	入ってくる	들어오다	заходи	4
经济	jīngjì	経済	경제	экономика	7
酒店	jiǔdiàn	ホテル	호텔	гостиница	5
就	jiù	もう; すでに	단지	только	4
句子	jùzi	文	문장	предложение	7

卡	kǎ	カード	카드	карточка	6
开	kāi	開く	열다	открывать	8
开始	kāishǐ	始まる	시작하다	начать	9
看病	kànbìng	診察する	문병하다	к врачу	5
看见	kànjiàn	見つかる	보다	смотреть	1
看样子	kàn yàngzi	見たところ…のような	보아하니	по виду	10
可	kě	とても; すごく	아주	даже	2
可是	kěshì	しかし	그러나	но	6
可以	kěyǐ	～できる; (ら)れる	좋다	можно	5
刻	kè	15分間	15분	пятнадцать минут	1
课文	kèwén	教科書中の本文	본문	текст	7
空气	kōngqì	空気	공기	воздух	4
快乐	kuàilè	楽しい	즐겁다	радостный	2

L

啦	la	感嘆の意味を表す	어떤 상황이나 상태가 발생했을때 바뀌지 않은 지속의 느낌을 나타냄	конечная частица	6
辣	là	辛い	맵다	острый	1
辣椒	làjiāo	唐辛子	고추	перец	1
老	lǎo	兄弟姉妹の順序を表す	호칭(형제·자매의 순서,동·식물 이름 앞에 쓰임	старый	8
了	le	完了を表す	실제로 이미 발생한 동작이나 변화에 사용됨	частица	7
冷	lěng	寒い	춥다	холодный	10
离	lí	〜から；離れる	…까지	отлучаться	3
历史	lìshǐ	歴史	역사	история	7
脸	liǎn	顔	얼굴	лицо	2
凉快	liángkuai	涼しい	시원하다	холодный	10
聊	liáo	チャットする	잡담하다	болтать	4
聊天儿	liáo tiānr	チャットする	한담하다	болтать	4
了解	liǎojiě	了解する	이해하다	понимать	7
零	líng	ゼロ	영	нуль	3
路口	lùkǒu	道の交差するところ	길목	перекресток	3
路人	lùrén	通行人；赤の他人	행인	путник	3
旅行	lǚxíng	旅行する	여행	путешествовать	6
旅游	lǚyóu	観光旅行に行く	관광	путешествовать	2

M

麻烦	máfan	煩わしい；面倒	귀찮다	осложнение	5

没意思	méi yìsi	面白くない	지루하다	неинтересно	4
妹妹	mèimei	妹	여동생	младшая сестра	6
门	mén	ドア；門	문	дверь	8
米饭	mǐfàn	御飯	밥	рис	1
面儿	miànr	粉；粉末	밀가루	порошок	1
面条儿	miàntiáor	うどん	국수	лапша	1
母语	mǔyǔ	母語	모국어	родной язык	9
目的	mùdì	目的	목적	цель	7

拿	ná	持つ	가지다	нести	8
那么	nàme	そんなに	그렇게	так	3
那些	nàxiē	それら；あれら	그것들	те	8
哪	na	助詞「啊」変体の一種（音節「n」で終わる語につく時に発音する）	어기조사	как	6
能	néng	できる	할 수 있다	может	2
念	niàn	読む	읽다	читать	2
牛肉面	niúròumiàn	(料理)牛肉付けうどん	쇠고기를 넣고 끓인 국수	говядинная лапша	1
努力	nǔlì	努力する	노력하다	страдательно	7
暖和	nuǎnhuo	温かい	따뜻하다	теплый	10

爬	pá	（山に）登る	오르다	ползти	4
怕	pà	恐れる	무서워하다	бояться	7
排球	páiqiú	バレーボール	배구	волейбо	7

陪	péi	付き添う	동반하다	сопровождать	4
啤酒	píjǔ	ビール	맥주	пиво	2
便宜	piányi	安い	싸다	дешевый	6
票	piào	チケット	표	билет	7
平均	píngjūn	平均する	평균	уравнивать	10
平时	píngshí	日常	평상시	мирное время	4
普通	pǔtōng	ありふれた	보통하다	простой	6

期	qī	期限	기일	расписание	8
气温	qìwēn	気温	기온	температура	10
千	qiān	千	천	тысяча	3
前天	qiántiān	一昨日	그저께	позавчера	9
清楚	qīngchu	はっきりしている	이해하다	ясный	8
情况	qíngkuàng	状況	형세	положение	9
晴	qíng	晴れている	맑다	солнечный	10
秋天	qiūtiān	秋	가을	осень	10
球	qiú	ボール	구	мяч	2
取	qǔ	取る	얻다	получить	3
确实	quèshí	確かに	확실하다	точно	1

R

然后	ránhòu	その後	그 다음에	потом	8
让	ràng	～させる	…하게 하다	заставит	5
热	rè	ブームになっている	덥다	популярный	7
热闹	rènao	賑やかである	벅적벅적하다	шумный	9
热情	rèqíng	心温かい；情熱	열정적이다	энтузиазм	1

散步	sàn bù	散歩する	산보하다	гулять	4
沙发	shāfā	ソファー	소파	диван	10
上	shàng	～する	접속하다	идти	9
稍	shāo	少し；やや	조금	немного	1
摄氏	shèshì	摂氏	섭씨	Цельсий	10
什么的	shénmede	～など	등등	т.д.	2
生词	shēngcí	新しい単語	새 단어	новые слова	1
生活	shēnghuó	生活（する）	생활	жизнь жить	9
十分	shífēn	十分に；非常に	아주	очень	7
市场	shìchǎng	市場	시장	рынок	5
收拾	shōushi	片付ける	정돈하다	убрать	4
手	shǒu	手	손	рука	3
舒服	shūfu	気分がよい	편안하다	удобный	5
数	shǔ	数える	계산하다	считать	3
双人间	shuāngrénjiān	ダブルルーム	이인용 방	двойной номер	6
睡	shuì	寝る	자다	спать	10
睡觉	shuì jiào	眠っている	잠자다	спать	9
似的	shìde	まるで～のようだ	…과 같다	словно	10
送	sòng	送る	주다	посылать	4
酸	suān	酸っぱい	시큼하다	кислотный	1
酸辣汤	suānlàtāng	料理) 酸っぱくて辛い味の熱いスープ	시고 매운 국	кислотный и	1
所以	suǒyǐ	だから	그래서	поэтому	8
锁	suǒ	かぎをかける；かぎ	잠그다; 자물쇠	замкнуть; замок	8

| 太 | tài | 非常に；まありにも～すぎる | 아주 | слишко | 1 |

谈	tán	話す	말하다	беседовать	7
汤	tāng	スープ	뜨거운 물/탕	суп	1
特别	tèbié	特別である；とても	특별하다	особый	2
疼	téng	痛い	아프다	болеть	5
踢	tī	（フットボールを）する	차다	играть	2
提醒	tíxǐng	（忘れないように）注意を与える	일깨우다	напомнить	8
体育	tǐyù	体育	체육	спорт	2
天地	tiāndì	活動の分野	천지	сфера деятельности	9
天气	tiānqì	天気	날씨	погода	10
甜	tián	甘い	달콤하다	сладкий	1
条件	tiáojiàn	条件	조건	условие	6
跳	tiào	踊る；跳ぶ	뛰다	прыгать	2
停	tíng	（雨が）止む	그치다	остановить	10
头	tóu	頭	머리	глава	5
退	tuì	返す；バックする	퇴거하다	отступать	6

哇	wa	助詞「啊」変体の一種（音節「u，ao」で終わる語につく時に発音する）	끝나는 앞 음절의 영향을 받아 변음한 것	конечное модальное слово	6
外边	wàibian	そと	밖	на улице	4
外汇	wàihuì	外幣為替	외환	иностранная валюта	3
外面	wàimian	そと	밖	внешность	8
完	wán	終わる；完成する	끝내다	заполнить	1
玩儿	wánr	遊ぶ	놀다	играть	7
晚	wǎn	遅い	늦다	поздно	4
晚饭	wǎnfàn	晩御飯	저녁밥	ужин	1

碗	wǎn	お碗	사발	чашка	1
网	wǎng	ネット	인터넷	сеть интернет	9
网球	wǎngqiú	テニス	테니스	теннис	2
往	wǎng	～の方へ	…쪽으로	к	3
忘	wàng	忘れる	잊다	забыть	8
为	wèi	～のために	…에게	в интересах	7
为了	wèile	～のために	…을 위해	для	7
味道	wèidao	味	맛	вкус	1
喂	wèi	もしもし	여보세요	алло	5
文化	wénhuà	文化	문화	культура	7
屋子	wūzi	部屋	방	комната	4
午饭	wǔfàn	昼ごはん	점심(밥)	обед	7
舞	wǔ	踊り；ダンス	춤	танец	2

习惯	xíguàn	習慣；慣れる	습관	обычай	7
洗	xǐ	洗う	빨래하다	мыть	4
喜欢	xǐhuan	～が好きである	좋아하다	любить	1
下	xià	～の下	아래	под	8
下	xià	降る	(비·눈 따위가) 내리다	идти	10
夏天	xiàtiān	夏	여름	лето	10
先	xiān	先に；まずは	먼저	прежде всего	6
先生	xiānsheng	知らない男性に対する敬称	선생	господин	3
像	xiàng	～のようだ	인 것 같다	походить на	10
小吃	xiǎochī	軽食	스낵	закуски	1
小吃店	xiǎochīdiàn	軽食をとる料理屋	간이 식당	буфет	1
小姐	xiǎojie	知らない女性に対する敬称	아가씨	девушка	3
小时	xiǎoshí	～時間	시간	час	5

161

小说	xiǎoshuō	小説	소설	повесть	8
些	xiē	不定の数を表す	약간	немного	7
兴趣	xìngqù	趣味	취미	интерес	2
休息	xiūxi	休む	쉬다	отдых	5
许	xǔ	許す	허락하다	разрешать	9
雪	xuě	雪	눈	снег	10

呀	ya	助詞「啊」変体の一種（母音「a，e，i，o」で終わる語につく時に発音する）	문장의 중간에서 어기를 잠시 멈출 때 사용하여 어세를 도움	частица	6
研究	yánjiū	研究する	연구하다	исследовать	7
研究生	yánjiūshēng	大学院生	연구생	аспирантура	7
阳光	yángguāng	日光	햇빛	лучи солнца	6
邀请	yāoqǐng	誘う	초청하다	приглашать	9
药	yào	薬	약	лекарство	5
要	yào	〜てもらう；〜がほしい	…하려 한다	хотеть	5
要是	yàoshi	もし〜なら	만일…이라면	если	1
业务	yèwù	業務；仕事	업무	бизнес	3
夜间	yèjiān	夜	야간	ночь	10
夜里	yèli	夜	밤	ночь	10
一……就……	yī……jiù……	〜すると（すぐ）〜する	자마자	как только	3
一边……一边	yìbiān……yìbiān	〜しながら〜する	한편으로 …하면서	в то же время	7
一定	yídìng	きっと	반드시	бязательно	1
一共	yígòng	全部で	모두	всего	3
一样	yíyàng	同じである	같다	одинаковый	3
一直	yìzhí	ずっと	똑바로	все время	9

医生	yīshēng	医者	의사	доктор	5
医院	yīyuàn	病院	병원	больница	5
已经	yǐjīng	もう	이미	уже	6
因为	yīnwèi	〜なので	왜냐하면	потому что	8
阴	yīn	曇っている	흐리다	пасмурный	10
音乐	yīnyuè	音楽	음악	музыка	2
银行	yínháng	銀行	은행	банк	3
影响	yǐngxiǎng	影響（する）	영향	влиять	9
用	yòng	使う；用いる	사용하다	использовать	3
游泳	yóu yǒng	水泳（する）	수영하다	плавать	2
游泳馆	yóuyǒngguǎn	屋内水泳場	수영장	закрытый бассейн	2
有的	yǒude	ある（人）	어떤 사람	немного	7
有点儿	yǒudiǎnr	ちょっと；すこし	좀	немного	1
有名	yǒumíng	有名である	유명하다	знаменитый	1
有时候	yǒu shíhou	時には	어떤 때	порой	4
有意思	yǒu yìsi	おもしろい	재미있다	интересный	4
又…… 又……	yòu…… yòu……	〜くて（で）〜	또	и и	4
雨	yǔ	雨	비	дождь	8
预报	yùbào	予報する	예보	прогноз	10
远	yuǎn	遠い	멀다	далекий	3
愿意	yuànyì	〜したいと思う	동의하다	желать	9
阅览室	yuèlǎnshì	閲覧室；図書館	열람실	читальный зал	9
运动	yùndòng	運動（する）	운동하다	спорт	2

在	zài	〜している	…에 있다	только	9
早饭	zǎofàn	朝ごはん	아침밥	завтрак	6
怎么	zěnme	どのように	어떻게	как	3
怎么样	zěnmeyàng	どう；どのように	어떠한가	как	4

怎样	zěnyàng	どのように；どのような	어떻게	как	4
窄	zhǎi	狭い	좁다	узкий	6
张	zhāng	紙や皮など平なものを数える単位（枚）	장	для бумаги, кровати и т. Д	1
照相	zhào xiàng	写真を撮る	사진을 찍다	принимать фотографии	2
这些	zhèxiē	これら（の）	이런 것들	эти	8
着	zhe	〜ている・〜てある	…해 있다	суффикс; глагола	8
正	zhèng	進行・持続していることを表す	바로	также	9
正好	zhènghǎo	ちょうどいい	꼭 알맞다	как раз	3
正在	zhèngzài	進行・持続していることを表す	마침	в процессе	9
职员	zhíyuán	職員	직원	служащий	3
只	zhǐ	ただ	단지	только	2
只好	zhǐhǎo	〜するほかない	…할 수밖에 없다	только и мочь	10
中	zhōng	〜中の	속	центр	7
重要	zhòngyào	重要である	중요하다	важный	7
周	zhōu	〜週	주	недель	2
周到	zhōudào	行き届いている	세심하다	внимательный	6
主持人	zhǔchírén	司会	사회자	председатель	10
住	zhù	泊まる	머물다	жить	6
祝	zhù	祝う	축하하다	поздравлять	2
专业	zhuānyè	専攻	전공	специальность	7
转	zhuǎn	変わる	달라지다	изменять	10
准	zhǔn	許す	허락하다	разрешать	9
资料	zīliào	資料	자료	материал	9
足球	zúqiú	フットボール	축구	футбол	2
最	zuì	本当に；確かに	가장	наибольше	6
最好	zuìhǎo	一番いい	…것이 바람직하다	наилучше	4
左边	zuǒbian	左	왼쪽	левая сторона	3
左右	zuǒyòu	〜ぐらい	좌우	около	5

Proper nouns

B

北海大酒店	Běihǎi Dàjiǔdiàn	北海ホテル	북해호텔	Бохайский кабачок	5

D

大连	Dàlián	（地名・遼寧省の都市）大連	대련	Далянь	7
东亚	Dōngyà	東亜	동아	Восточная Азия	7

L

李	Lǐ	（中国人の姓）李	이	фамилия	8

M

美元	Měiyuán	ドル	미국 달러	доллар	3

O

欧元	Ōuyuán	ユーロ円	유로	европейские деньги	3

R

人民币	Rénmínbì	人民元	인민폐	юань	3
日元	Rìyuán	円	엔	японские деньги	3

W

武汉	Wǔhàn	（地名・湖北省の省都）武漢	무한	Ухань	10

Y

英镑	Yīngbàng	英ポンド	파운드	английский фунт	3
英文	Yīngwén	英語	영어	английский	3

Z

中文	Zhōngwén	中国語	중국어	китайский	3
中国银行	Zhōngguó Yínháng	中国银行	중국 은행	Китайский Банк	3